所有表現と文法化

ひつじ研究叢書〈言語編〉

第118巻	名詞句とともに用いられる「こと」の談話機能	金英周 著
第119巻	平安期日本語の主体表現と客体表現	髙山道代 著
第120巻	長崎方言からみた語音調の構造	松浦年男 著
第121巻	テキストマイニングによる言語研究	岸江信介・田畑智司 編
第122巻	話し言葉と書き言葉の接点	石黒圭・橋本行洋 編
第123巻	パースペクティブ・シフトと混合話法	山森良枝 著
第124巻	日本語の共感覚的比喩	武藤彩加 著
第125巻	日本語における漢語の変容の研究	鳴海伸一 著
第126巻	ドイツ語の様相助動詞	髙橋輝和 著
第127巻	コーパスと日本語史研究	近藤泰弘・田中牧郎・小木曽智信 編
第128巻	手続き的意味論	武内道子 著
第129巻	コミュニケーションへの言語的接近	定延利之 著
第130巻	富山県方言の文法	小西いずみ 著
第131巻	日本語の活用現象	三原健一 著
第132巻	日英語の文法化と構文化	秋元実治・青木博史・前田満 編
第133巻	発話行為から見た日本語授受表現の歴史的研究	森勇太 著
第134巻	法生活空間におけるスペイン語の用法研究	堀田英夫 編
第137巻	日韓対照研究によるハとガと無助詞	金智賢 著
第138巻	判断のモダリティに関する日中対照研究	王其莉 著
第139巻	語構成の文法的側面についての研究	斎藤倫明 著
第140巻	現代日本語の使役文	早津恵美子 著
第141巻	韓国語 cita と北海道方言ラサルと日本語ラレルの研究	円山拓子 著
第142巻	日本語史叙述の方法	大木一夫・多門靖容 編
第145巻	日本語歴史統語論序説	青木博史 著
第146巻	明治期における日本語文法研究史	服部隆 著
第147巻	所有表現と文法化	今村泰也 著

ひつじ研究叢書
〈言語編〉
第147巻

所有表現と文法化

言語類型論から見た
ヒンディー語の叙述所有

今村泰也 著

ひつじ書房

まえがき

　本書は筆者が 2014 年に麗澤大学に提出した博士論文「ヒンディー語の所有表現の研究」に加筆・修正を施したものである。

　近年、海外では所有をテーマにした研究書や論文集が相次いで出版されている。一方、国内においては、『北方言語研究』（2012）、『語学研究所論集』（2013）等の雑誌で所有表現が特集され、博士論文もいくつか書かれているが、詳細な研究書は管見の限り出ていない。

　こうした状況を踏まえ、少しでも貢献するところがあればと本書の出版を決意した。出版を強く勧めてくださった国立国語研究所のプラシャント・パルデシ先生に感謝申し上げる。

　本書の考察対象はヒンディー語の叙述所有（predicative possession）の表現であるが、50 を超える言語の例と研究の知見を含み、ヒンディー語以外の言語の研究者にも有益な点があることから、表題を『所有表現と文法化』に改めた。

　本書の執筆を通して感じたのは「1 例の重み」である。世界の言語の所有表現を研究した Heine（1997a）や Stassen（2009）で挙げられている例を原著に当たって確認するなかで、各言語の研究の歴史と研究者の苦労の一端を垣間見た。本書で挙げたヒンディー語の用例についても文意が明確で適切な文脈・長さの例を見つけるのにかなりの時間を要した。

　本研究は筆者がヒンディー語を習った時の驚きと疑問が出発点になっており、先行研究と用例の積み重ねによって一書にまとめることができた。博士論文の指導と審査をしてくださった杉浦滋子先生、井上優先生、角田太作先生、プラシャント・パルデシ先生には大変お世話になり、感謝が尽きない。ヒンディー語に関しては古賀勝郎先生の文法書と辞書、町田和彦先生の数々の著書と論文がなければ

筆者の研究はなかったし、本書もない。この場を借りて両先生に御礼申し上げたい。

　最後に、マイナーな南アジア言語の研究書にもかかわらず、出版を快諾してくださり、多くの貴重なご意見をくださったひつじ書房の松本功社長と、原稿の隅々にまで目を配り、プロの仕事を見せてくださった編集担当の海老澤絵莉さんに心より御礼申し上げる。

　なお、本書は JSPS 科研費 16HP5071 の助成を受けて刊行されたものである。

2017 年 1 月

今村泰也

目　次

まえがき		V
ヒンディー語の文字と発音、本書の転写方式		XI
略号一覧		XIV

第1章　序論　　　　　　　　　　　　　　　　　I

1. 所有表現との出会いと本書の目的　　　　　　I
2. ヒンディー語について　　　　　　　　　　　2
3. データ資料について　　　　　　　　　　　　3
4. インフォーマントについて　　　　　　　　　3
5. 本書の構成　　　　　　　　　　　　　　　　4

第2章　先行研究と Heine（1997a）の理論的枠組み　　7

1. 所有とは何か　　　　　　　　　　　　　　　7
2. 所有表現の形式的分類　　　　　　　　　　　9
3. 所有の意味的分類　　　　　　　　　　　　　I I
   3.1　分離可能所有と分離不可能所有　　　　　I 2
   3.2　その他の区別　　　　　　　　　　　　　I 5
4. Heine（1997a）の理論的枠組み　　　　　　I 6
   4.1　所有概念　　　　　　　　　　　　　　　I 6
   4.2　所有のプロトタイプ特性　　　　　　　　I 8
   4.3　叙述所有の起点　　　　　　　　　　　　I 9
5. Stassen（2009）の研究の領域と分類　　　　23
6. 本書における所有の捉え方と考察範囲　　　　24
7. 文法化について　　　　　　　　　　　　　　25

第3章　ヒンディー語の基本文法　　　　　　　　29

1. 基本文と語順　　　　　　　　　　　　　　　29
   1.1　肯定文　　　　　　　　　　　　　　　　29

1.2	疑問文	30
1.3	否定文	30
2.	名詞と形容詞の語形変化	31
3.	後置詞	32
4.	小詞	33
5.	人称代名詞と尊敬表現	34
5.1	人称代名詞	34
5.2	尊敬表現	35
6.	動詞	36
6.1	動詞 *honaa*	36
6.2	一般動詞の語形	37
6.3	能格構文	38

第 4 章　存在動詞 *honaa* を用いた所有構文　　41

1.	ヒンディー語の所有構文の概要	41
2.	典型的な所有構文 X *ke paas* Y *honaa*	42
2.1	X *ke paas* Y *honaa* の統語的側面	44
	2.1.1　一致	44
	2.1.2　語順	44
	2.1.3　疑問	45
	2.1.4　否定	45
	2.1.5　再帰代名詞の先行詞	47
2.2	X *ke paas* Y *honaa* の文法化	48
2.3	X *ke paas* Y *honaa* が表す所有概念	50
	2.3.1　先行研究	50
	2.3.2　所有権と所有期間	51
	2.3.3　移動不可能なものの所有	52
	2.3.4　有生物の所有	53
	2.3.5　抽象物の所有	55
	2.3.6　「欠如」や「不足」の所有	58
2.4	X *ke paas* Y *honaa* のまとめ	59
3.	分離不可能所有の構文 X *kaa* Y *honaa*	60
3.1	属格後置詞 *kaa* と一致の方式	62
3.2	X *kaa* Y *honaa* の所有物	65
	3.2.1　親族	65
	3.2.2　親族以外の人間	68
	3.2.3　信仰の対象	68
	3.2.4　身体部分	69

3.2.5 身体以外の部分		71
3.2.6 土地・建物		72
3.2.7 抽象名詞		73
3.2.8 無生物の全体 – 部分関係		74
3.3 所有構文と分離不可能性		75
3.4 他言語の属格所有構文における言語現象		77
3.5 X *kaa* Y *honaa* の切れ目		80
3.6 ほかの要素の介在		82
3.6.1 小詞の介在		82
3.6.2 副詞句の介在		84
3.7 X *kaa* Y *honaa* の変種		85
3.7.1 先行研究		86
3.7.2 さらなる文法化		88
3.8 X *kaa* Y *honaa* のまとめ		92
4. 抽象物所有の構文 X *ko* Y *honaa*		**93**
4.1 与格構文（「与格 + 主格」構文）		94
4.2 与格所有構文 X *ko* Y *honaa*		96
4.2.1 先行研究		96
4.2.2 感覚・病気		97
4.2.3 その他の抽象名詞		99
4.3 X *ko* Y *honaa* のまとめ		100
5. 全体 – 部分関係の所有構文 X *mē* Y *honaa*		**101**
5.1 内在的特性		101
5.2 先行研究		102
5.3 本書の立場		103
5.4 全体 – 部分関係		104
5.5 X *mē* Y *honaa* のまとめ		106
6. 物理的所有の構文 X *ke haath mē* Y *honaa*		**107**
6.1 身体名詞を用いた所有構文		107
6.2 X *ke haath mē* Y *honaa* が表す所有概念		109
6.3 所有物の制約		112
6.4 抽象物所有		114
6.5 語順と意味の違い		114
6.6 X *ke haath mē* Y *honaa* のまとめ		116
7. まとめ		**116**
8. 複数の構文の併存について		**119**

第5章　他動詞 *rakhnaa* を用いた所有構文　127

1. 他動詞 *rakhnaa*　127
2. *rakhnaa* が表す所有概念　130
   - 2.1　抽象物所有　130
   - 2.2　永続的所有　131
   - 2.3　分離不可能所有　133
     - 2.3.1　親族　133
     - 2.3.2　身体部分　134
3. *honaa* を用いた所有構文と *rakhnaa* を用いた所有構文の違い　137
4. まとめ　139

第6章　所有からモダリティへ　141

1. ヒンディー語の義務構文　141
2. 義務構文 X *ko* V-*naa honaa*　144
   - 2.1　X *ko* V-*naa honaa* における一致　144
   - 2.2　X *ko* V-*naa honaa* の意味と使用条件　145
   - 2.3　X *ko* V-*naa honaa* の否定　146
3. 所有からほかの文法カテゴリーへの文法化　148
4. まとめ　153

第7章　結論と今後の課題　157

1. 研究結果の総括　157
2. 今後の課題　160

付録　インド憲法の言語条項　163
参考文献　167
事項索引　177
言語名索引　181

x

ヒンディー語の文字と発音、本書の転写方式

1. 本書のヒンディー語ローマ字転写（transliteration）方式

　ヒンディー語はインド系文字の1つであるデーヴァナーガリー（Devanāgarī）文字で表記される。デーヴァナーガリー文字の発音を表記するためには一般にローマ字と補助記号（diacritical mark）を組み合わせた転写記号を使用するが＊1、本書では補助記号の使用を減らした転写方式を用いる。転写方式については Harvard-Kyoto 方式、ITRANS 方式のほか、ヒンディー語に関する各種論文の転写方式を参考にした。なお、本書の転写方式ではデーヴァナーガリー文字では表記されていても実際の発話では発音されない語中や語末の母音 a（潜在母音）は転写しない。

　以下にヒンディー語の母音と子音のデーヴァナーガリー文字、転写記号、IPA（国際音声字母）、音価を列記する。表は古賀・高橋（2006）を参照して作成したが、列の順番や用語を一部改めた。

2. 母音文字と発音

文字	転写	IPA	音　価
अ	a	[ə]	非円唇中舌母音
आ	aa	[ɑː]	後舌非円唇広長母音
इ	i	[i]	前舌非円唇狭短母音
ई	ii	[iː]	前舌非円唇狭長母音
उ	u	[u]	後舌円唇狭短母音
ऊ	uu	[uː]	後舌円唇狭長母音
ऋ	ŕ	[ri]	歯茎ふるえ音＋[i]＊2
ए	e	[eː]	中前舌非円唇半狭長母音

XI

ऐ	ai	[ɛ:]	中前舌非円唇半広長母音
ओ	o	[o:]	中後舌円唇半狭長母音
औ	au	[ɔ:]	中後舌円唇半広長母音

3. 子音文字と発音

①破裂音・破擦音

	無声無気	無声有気	有声無気	有声有気	鼻音
軟口蓋破裂音	क ka [kə]	ख kha [kʰə]	ग ga [gə]	घ gha [gʰə]	ङ ṅa [ŋə]
硬口蓋破擦音	च ca [tʃə]	छ cha [tʃʰə]	ज ja [dʒə]	झ jha [dʒʰə]	ञ ña [ɲə]
そり舌破裂音	ट Ta [ʈə]	ठ Tha [ʈʰə]	ड Da [ɖə]	ढ Dha [ɖʰə]	ण Na [ɳə]
歯破裂音	त ta [t̪ə]	थ tha [t̪ʰə]	द da [d̪ə]	ध dha [d̪ʰə]	न na [nə] ＊3
両唇破裂音	प pa [pə]	फ pha [pʰə]	ब ba [bə]	भ bha [bʰə]	म ma [mə]

②半母音

文字	転写	IPA	音　価
य	ya	[jə]	硬口蓋接近音
र	ra	[rə]	歯茎ふるえ音
ल	la	[lə]	歯茎側面音
व	va	[və]	有声唇歯摩擦音
		[wə]	両唇接近音

③摩擦音

文字	転写	IPA	音　価
श	sha	[ʃə]	無声後部歯茎（硬口蓋）摩擦音
ष	Sha	[ʃə]	無声後部歯茎（硬口蓋）摩擦音＊4
स	sa	[sə]	無声歯茎摩擦音
ह	ha	[hə]	無声声門摩擦音＊5

④弾き音

文字	転写	IPA	音　価
ड़	Ra	[ɽə]	そり舌弾き音
ढ़	Rha	[ɽʰə]	有気そり舌弾き音

XII

⑤外来音

文字	転写	IPA	音　価	備　考
क़	qa	[qə]	無声口蓋垂破裂音	ペルシャ文字のﻕに対応する
ख़	xa	[xə]	無声軟口蓋摩擦音	ペルシャ文字のﺥに対応する
ग़	ġa	[ɣə]	有声軟口蓋摩擦音	ペルシャ文字のﻍに対応する
ज़	za	[zə]	有声歯茎摩擦音	ペルシャ文字のﺫﺯﺽﻅに対応する
फ़	fa	[fə]	無声唇歯摩擦音	ペルシャ文字のﻑに対応する

4. 鼻母音を表す記号

　それぞれの母音（r̥を除いたもの）に対応する鼻母音がある。デーヴァナーガリー文字では、チャンドラビンドゥ（ઁ）やアヌスワーラ（ં）と呼ばれる記号を用いるが、転写記号では鼻母音であることを ã, āã, ĩ, ĩĩ…のようにチルダで示す。

5. ヴィサルガ記号（ઃ）

　サンスクリット語からの借用語に用いられ、有声声門摩擦音 [ɦ] を表す。転写記号では H で示す。

＊1　例えば IAST（International Alphabet of Sanskrit Transliteration）方式。
＊2　サンスクリット語（Sanskrit）では母音とされていたが、ヒンディー語では巻き舌で「リ」と発音する。サンスクリット語からの借用語に用いられる。
＊3　サンスクリット語ではこのグループ（歯破裂音）のほかの子音同様、歯音 [n̪ə] だった。
＊4　サンスクリット語ではそり舌摩擦音 [ʂə] であったが、ヒンディー語では श [ʃə] と同じ発音になっている。サンスクリット語からの借用語に用いられる。
＊5　語中、語末では有声音 [ɦə] となることがある。

ヒンディー語の文字と発音、本書の転写方式　　XIII

略号一覧

本書では以下の省略記号を用いる。

ABL	奪格（ablative）	LOC	所格（locative）
ACC	対格（accusative）	M	男性（masculine）
AUX	助動詞（auxiliary）	NEG	否定（negation, negative）
CONJ	接続詞（conjunction）	NOM	主格（nominative）
CONJP	接続分詞（conjunctive participle）	NP	名詞句（noun phrase）
COP	コピュラ動詞（copula）	OBJ	目的語（object）
COR	相関詞（correlative）	OBL	斜格（oblique）
DAT	与格（dative）	PFV	完了（perfective）
EMPH	強調（emphatic）	PL	複数（plural）
ERG	能格（ergative）	POL	丁寧形（polite）
EXCL	排他的（exclusive）	PP	前置詞句（preposition-al phrase）
F	女性（feminine）	PROG	進行相（progressive）
FOC	焦点（focus）	PRS	現在（present）
FUT	未来（future）	PST	過去（past）
GEN	属格（genitive）	Q	疑問標識（question mark-er）
HON	敬称（honorific）		
IMP	命令（imperative）	REFL	再帰代名詞（reflexive pronoun）
IMPF	未完了（imperfective）		
INCL	包括的（inclusive）	REL	関係詞（relative）
INDEF	不定代名詞（indefinite pronoun）	SBJV	仮定法（subjunctive）
		SG	単数（singular）
INF	不定詞（infinitive）	TOP	主題（topic）
INST	具格（instrumental）	V	動詞（verb）
INTJ	間投詞（interjection）	VOC	呼格（vocative）

1	1人称（first person）		その他記号
2	2人称（second person）	-	形態素境界
3	3人称（third person）	=	接語境界

・複数の文法情報を含む形態素のグロスは、ピリオド（.）に続けて表記する。表記の簡略化のため、複合語や派生接辞等の形態分析は差し障りのない限りにおいて省略することがある。

・本文中ことわりがない限り、名詞は（単数）主格、動詞は不定詞の形で挙げる。

第1章
序論

1. 所有表現との出会いと本書の目的

　私がヒンディー語（Hindi）に出会ったのは大学の公開講座であった。デーヴァナーガリー文字を覚え、文法の学習に入ると、比較的早い段階で「所有表現」を習った*1。ヒンディー語の所有表現は私にとってかなりの驚きだった。なぜなら、ヒンディー語には英語のhave「持つ」に当たる動詞がなく、所有（X has/owns Y）はbe「ある」に当たる動詞を使って、「Xの近くにYがある」と表現されたからである。また、所有表現にはいくつか種類があり、持っているものによって「XのYがある」「XにYがある」のように表現が異なるのも不思議に思われた。

　後年、大学院で言語学を学び、Heine（1997a）*Possession*をはじめとする文献を読むなかで、言語類型論的にはhaveに当たる動詞で所有を表す言語はむしろ少なく*2、beに当たる動詞で所有を表す言語が圧倒的に多いことを知った。また、beで所有を表す場合、いくつかの構文パターンに集約され、特異に思われたヒンディー語の所有表現もさまざまな点で通言語的な傾向に一致していることがわかった。

　ヒンディー語の所有表現の分類と使用条件は先行研究でほぼ明らかにされているが、言語類型論と文法化（grammaticalization）の観点から考察した研究はほとんどない。ヒンディー語における複数の所有表現の併用とそこに見られる文法現象は類型論的にどのように分析できるのか、また、どのような点がほかの言語に類似し、どのような点が相違しているのか、つまり、所有表現における言語の普遍性とヒンディー語の個別性を明らかにするのが本書の目的である。

I

Heine（1997a）は世界の言語の所有表現、とりわけ X has/owns Y のように文の構造を持つ叙述所有（predicative possession＊3）を包括的に扱った研究である。Heine（1997a）の研究の眼目は、所有を文法化の大きな流れの中で捉えている点である。すなわち、抽象的な概念である所有は具体的な表現から発達し、また、所有はほかの文法カテゴリーへ発達することが論じられている（図1、例：インド・ヨーロッパ祖語 *kap-「捕える」＞英語の所有動詞 have ＞アスペクト標識（完了の助動詞））。

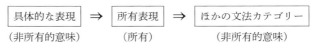

図1　所有表現と文法化

　本書ではヒンディー語におけるこのような事例として、所有からモダリティ（義務表現）への文法化を取り上げる。また、本書では先行研究で扱われていない所有表現も取り上げ、ヒンディー語学および類型論研究に貢献することを目指す。

2.　ヒンディー語について

　ヒンディー語は北インドを中心に話されている言語で、インドの主要な言語の1つであるとともにインド連邦の公用語に規定されている＊4。インドの人口の約40％の人々がヒンディー語を使用していると考えられ＊5、話者人口では中国語、英語に次ぐ世界第3位の言語である（町田 2006: 229）。

　言語系統的には、ヒンディー語はインド・ヨーロッパ語族のインド語派（インド・アーリア語派）に属す＊6。インド・アーリア語の歴史は、

　（ⅰ）古期（Old Indo-Aryan: OIA）　　　1500 BC–600 BC
　（ⅱ）中期（Middle Indo-Aryan: MIA）　　600 BC–1000 AD
　（ⅲ）新期（New Indo-Aryan: NIA）　　　1000 AD–present

の3期に分けられ＊7、ヒンディー語を含む現代インド・アーリア諸語の歴史は新期から始まる。

ヒンディー語には多くの方言があるが、西部ヒンディー方言群と東部ヒンディー方言群に大別される*8。前者にはブラジ・バーシャー（Braj Bhasha）、カリー・ボーリー（Khari Boli）、バーンガルー（Bangaru）、カンナウジー（Kannauji）、ブンデーリー（Bundeli）などの方言が含まれ、後者にはアワディー（Awadhi）、バゲーリー（Bagheli）、チャッティースガリー（Chattisgarhi）などの方言が含まれる。

現代標準ヒンディー語（Modern Standard Hindi: MSH）はデリーの北、北西部などの地域で話される西部ヒンディー方言群のカリー・ボーリー方言（13 世紀ごろに中期インド・アーリア語のアパブランシャ語（Apabhramsha）から分化）を基盤として成立したと言われている（cf. 坂田 2012: 668）。

なお、パキスタンの国語であるウルドゥー語（Urdu）は言語学的にはヒンディー語と同一の言語とされ*9、言語学の文献ではしばしば Hindi-Urdu と記される。本書でも所有表現に関して特筆すべき点がある場合、ウルドゥー語の先行研究の記述や用例を引用することがある。

3. データ資料について

本書では具体的かつ広範な言語データ（文学作品、民話、新聞記事をはじめ、先行研究や各種辞書の用例、Web 上の用例等）を通して実証的な研究を行う。用例の検索にはコーパス*10 を用いる。

4. インフォーマントについて

本書における用例の解釈や作例の文法性判断等で 3 人のヒンディー語母語話者（以下、インフォーマントと呼ぶ）の協力を得た。特に Puneeta Vidyarthi さん（30 代女性）にはお世話になった。第 5 章の執筆にあたっては Paraj Vidyarthi 氏（30 代男性、Puneeta さんのご主人）と Nitin Mehra 氏（30 代男性）からも教示を得た。3 人ともインド・デリーの出身で日本語が堪能である。筆者の研究の

第 1 章　序論　　3

ために惜しみない協力をしてくれた3人にこの場を借りて感謝申し上げる。もちろん、本書における誤りはすべて筆者の責任である。

5.　本書の構成

　本書の構成は次の通りである。第2章で所有に関する先行研究を概観し、本書が依拠するHeine（1997a）の理論的枠組みを導入する。次に第3章でヒンディー語の基本文法を略述する。第4章では存在動詞を用いた所有表現（自動詞文）について詳述する。ここでは先行研究で扱われている表現に加え、先行研究で扱われていない表現も取り上げる。続く第5章ではヒンディー語にも一種の所有動詞があり、他動詞文の所有表現があることを指摘する。第6章では所有からモダリティ（義務表現）への文法化について考察する。最後に第7章で本書の研究結果をまとめ、今後の課題について述べる。

＊1　田中・町田（1986）および町田（2008）では全20課のうち第4課で所有表現が導入される。

＊2　Heine（1997a）がサンプルとした100言語（合計110構文）では13.6％、Stassen（2005）が調査した240言語では63言語（26.3％）がhaveに当たる動詞で所有を表す。Dixon（2010: 265）は明確な数字は挙げていないが、世界の言語でhaveのような動詞を持っているのは半分以下と述べている。

＊3　所有表現は文の構造を持つ叙述所有（例：I have a credit card）と名詞句の構造を持つ限定所有（例：my credit card）に大別される。詳細は第2章2節で述べる。

＊4　インドでは連邦の公用語として、ヒンディー語と英語の2言語を国家が認定している（英語は準公用語）。そして、「インド連邦を構成する「州の」公用語については、それぞれの州・連邦直轄地（Union Territory）ごとに定めることが保障されており、その意味ではインド連邦は、ヒンディー語と英語の2言語だけではなく、州レヴェルの公用語として複数の言語を公用語として認定している」（鈴木2001: 71）。2016年12月現在、ヒンディー語を含む22の言語が、「特に発展させるべき言語」として憲法第8付則（Eighth Schedule: Languages）に規定されている。詳細は巻末の付録「インド憲法の言語条項」を参照。

＊5　2001年に実施された国勢調査の結果〈http://www.censusindia.gov.in/Census_Data_2001/Census_Data_Online/Language/Statement1.aspx〉（2016

年12月5日閲覧）によると、インドの総人口 1,028,610,328 人のうち、ヒンディー語を母語とする人の数は 422,048,642 人（41.03 %）である。

*6 「初期のインド語派の言語は、現在のペルシャ語の祖先であるイラン語派の言語と非常に近い関係にあり、その違いはほとんど方言差ほどだったことがわかっている。その親近性から、歴史言語学では両者を合わせてインド・イラン語派と呼ぶこともある」（町田 2006: 227–228）

*7 インド・アーリア語の時代区分は研究者によって多少異なるが、ここでは Kachru（2006: 1）によった。

*8 ヒンディー語には能格があり、述語動詞が他動詞完了分詞の場合にのみ能格構文をとる（第3章6.3節参照）。これは現代標準ヒンディー語を含む西部ヒンディー方言群の特徴になっている。

*9 町田（1992: 621）は、「インドと分離独立したパキスタンの国語であるウルドゥー語は、言語学的には、ヒンディー語と同一言語である。両者の違いは、ウルドゥー語がペルシャ文字を用い、語彙（主に専門用語）に、アラビア語、ペルシャ語語源の借用語が多いのに対し、ヒンディー語はデーヴァナーガリー文字を用い、サンスクリット語語源の借用語が比較的多い点である。日常会話は、同じと考えてよい」と述べている。

*10 Center for Indian Language Technology（CFILT）のホームページからダウンロードした Hindi Corpus のほか、BBC Hindi の記事（約1700本）および Web 上で公開されているヒンディー語の文学作品（短編小説を中心に約500点）をテキスト形式で保存したもので、合計 61.52MB。BBC Hindi の文章は英語の影響が強く、不自然あるいは下手なヒンディー語であるという批判もあるが、現代のヒンディー語の1つとして用例分析に用いる。

第2章

先行研究と Heine（1997a）の理論的枠組み

本章では本書の前提となる所有に関する先行研究、所有表現の形式的分類、所有の意味的分類を概観した後、本書が依拠する Heine（1997a）の理論的枠組みを導入する。

1. 所有とは何か

世界の言語の所有表現を研究した Heine（1997a）は次の一文から始まる。

所有は普遍的な領域であり、すべての人間言語が慣習化した所有表現を持つことが予想される。　　　　　　　　　（Heine 1997a: 1）

420 言語の所有表現を調査した Stassen（2009）も所有の概念について次のように述べている。

所有の延長［筆者注：所有されうる対象の範囲］の違いにもかかわらず、所有の概念はこれまで研究されたすべての社会で用いられている非常に強い証拠がある。　　　　　（Stassen 2009: 7）

実際、英語には X has/owns/possesses Y などの所有表現があり*1、日本語にも「X は Y を持っている／所有している」「X（に）は Y がある／いる」「X は Y をしている*2」などの所有表現がある。数の概念や色彩語彙、リカージョン（入れ子構造）がないとされる南米アマゾンのピダハン語にも（1）のような所有表現が認められる。

(1) Pirahā（Mura; Everett 1986: 204）

　　ti　　poogahai　　xaíbái　　xao-xaagá.

　　I　　fishing arrow　　many　　POSSN-have

　　'I have many fishing arrows.'

しかし、所有を定義しようとするとたちまち困難に直面する。ま

7

ず、よく引き合いに出される英語の have による所有表現の例を見てみよう（先行研究の多くが、have が使われる関係や状況は所有であるという前提に立っており、本書もこの前提に立つ）。

(2)　a.　John has a motorcycle.

　　　b.　Frank has a sister.

　　　c.　A spider has six legs.

　　　d.　Mandy has a basket on her lap.

　　　e.　Bill has the flu.　　　　　　　　　　　（Stassen 2009: 10–11）

　上記の例が示すように、所有と呼ばれるものは 2 つの事物（所有者と所有物）の多様な関係を表すが、それらに意味的な共通点を見出すのは難しい。例えば Seiler（1983）は所有を以下のように定義している。

　　　意味的に所有の領域は生物・文化的（bio-cultural）なものと定義できる。所有は人間とその親族、身体部分、物質的な所有物、文化的・知的産物との関係である。もっと広い見方をすれば、所有は有機体の部分と全体の関係である。　（Seiler 1983: 4）

　一方、Dixon（2010）は所有の意味的な定義の可能性について否定的である。

　　　「所有」の意味的な定義――所有は文法的な構文でコード化される――は通言語的に得られるだろうか。その答えは明らかに否である。実際に、ある 1 つの言語においても「所有」とは何かという定義（'or' を含まずに）はほとんどできそうにない。

（Dixon 2010: 263）

　したがって、多くの先行研究が所有をプロトタイプ的な概念として捉えている。例えば、Baldi and Nuti（2010: 245）はプロトタイプ的な所有関係として次のような提案をしている。

　所有者：（ⅰ）人間；（ⅱ）トピック and/or 旧情報

　所有物：（ⅰ）具体的な無生物；（ⅱ）コメント and/or 新情報

　英語の所有表現を研究した Taylor（1989: 202）は所有関係に特有のプロトタイプ特性として以下の諸点を挙げている。

（a）人間以外の有生物、まして無生物はモノを所有できない。

（b）所有物は特定の具体物（通常は無生物）あるいはその集合

であり、抽象物ではない。

(c) 関係は独占的である。すなわち、所有物それぞれに 1 人の所有者がいる。

(d) 所有者は所有物を使用する権利を持つ。ほかの人は所有者の許可のもとでのみ、その所有物を使用できる。

(e) 所有者の所有物に対する権利は、購入、寄付、相続といった取引を通して所有者に付与される。その権利はさらなる取引（売却、寄贈、遺贈）で他者に移るまでそのもとにある。

(f) 所有者は所有物に対して責任を負う。所有者は所有物を大切にし、良い状態に保つことが求められる。

(g) 所有者が所有物に対して自分の権利と義務を行使するために、所有者と所有物は空間的に近接している必要がある。

(h) 所有関係は長期的なものであり、分や秒ではなく月や年の単位で計られる。

Heine（1997a）は Taylor の挙げたプロトタイプ特性を簡略化し、5 つにまとめている（本章 4.2 節で述べる）。

2. 所有表現の形式的分類

所有表現は、いわゆる限定所有（attributive possession）と叙述所有（predicative possession）に大別される。限定所有は所有者と所有物が名詞句の構造を持ち（例：my credit card）、叙述所有は文の構造を持つ（例：I have a credit card）。限定所有と叙述所有には意味的な違いもあり、my credit card という表現では所有が前提になっているが、I have a credit card という表現では所有が言明されている（Heine 1997a: 26）。

Heine（1997a）は叙述所有をさらに 'have' 構文（'have'-construction）と 'belong' 構文（'belong'-construction）に分類し、Seiler（1983）をもとにその違いを次のように説明している。

Seiler（1983: 61）はこの 2 つを次のように特徴付けている。'have' 構文において所有者は所有物へ移動する起点である

［筆者注：ここで言う移動は統語的移動のことではない］。一方、
'belong' 構文では、Seiler は所有物からの移動を所有者への起
点として見ている。　　　　　　　　　　　　　　（Heine 1997a: 30）

　しかしながら、英語以外の言語には必ずしも have や belong に当
たる動詞があるわけではなく、その表現形式も異なる（実際、ヒン
ディー語には have や belong に当たる動詞がなく、どちらも be に
当たる動詞で表す）。Heine（1997b）は 'have' 構文について次の
ように述べている。

　　ほかの言語ではまた、'have' 構文はまったく違う形式をとり
　　得る。have 動詞の代わりにコピュラ動詞があったり、あるい
　　はまったく動詞がなかったりする。当該言語における 'have'
　　構文とは、「私は車を持っている」や「私たちはお金を持って
　　いない」などを表すのに標準的に使われる構文と言ってよい。

（Heine 1997b: 86）

　そのため、'have' 構文、'belong' 構文には引用符（' '）が使われ
ているわけであるが、この術語は誤解を招く恐れがあるため、本書
では前者を「X → Y 構文」、後者を「Y → X 構文」と呼ぶことにす
る（X は所有者、Y は所有物、→ は移動を表す。仮に X → Y 構文
を X–Y 構文と書くと、X–Y の語順をとるように感じられる。しか
し、後述するように Y–X の語順をとる言語も多い。したがって、
上述の Seiler（1983）の「移動の起点」を考慮し、X → Y 構文と
表記する）。

　以上をまとめると、所有表現には形式的に 3 つのタイプが存在す
る。

（3）限定所有　　　　　　　　　例：my credit card, Peter's car
　　　叙述所有
　　　　a.　　X → Y 構文　　　例：Peter has a car.
　　　　b.　　Y → X 構文　　　例：The car is Peter's.
　　　　　　　　　　　　　　　　　　The car belongs to Peter.

　英語の場合、X → Y 構文と Y → X 構文の違いは、（ⅰ）述語動詞
（have/belong）、（ⅱ）所有者 X と所有物 Y の語順、（ⅲ）文法関係
（X → Y 構文では所有者 X が主語で所有物 Y が目的語、Y → X 構文

では所有物Yが主語で所有者Xが補語／斜格要素）などの違いに現れる。

Heine（1997a: 30）は世界の言語のX→Y構文には「所有物Y－所有者X」の語順をとるものも多くあることから語順を含む統語関係はX→Y構文／Y→X構文の決め手にはならないとし、その顕著な違いとして所有物の定性を挙げている。すなわち、X→Y構文の場合、所有物は概して不定（indefinite）であるのに対し、Y→X構文の場合、所有物は定（definite）である。

X→Y構文とY→X構文のもう1つの違いは意味的な違いで、Y→X構文の主要な、あるいは唯一の意味が所有権（ownership）であるのに対し、X→Y構文の場合は所有権を含む幅広い所有概念を表す傾向がある。例えば、The car belongs to Liz（Liz は車の法的所有者）に対して Liz has a car は所有権も表すが、文脈によって「車を借りている」（Liz は車の法的所有者ではない）、「足（交通手段）がある」（Liz は車の法的／一時的所有者でもなく、ドライバーでもない）など、さまざまな意味になりうる（Heine 1997a: 32）。

3. 所有の意味的分類

本章1節では所有が表す多様な関係の一端を見た。先行研究ではこの漠然とした所有の概念を何らかの方法で区別・分類しようという試みがなされてきた。例えば、Miller and Johnson-Laird（1976: 565）は以下のように3種類の所有を区別している*3。

(4) Miller and Johnson-Laird（1976）の所有の区別とその例

(a) inherent*4, (b) accidental, and (c) physical possession

(a) He owns an umbrella, (b) but she's borrowed it, (c) though she doesn't have it with her.

Dixon（2010: 262–263）は限定所有が表す関係として以下の7つを挙げ、そのうち（a）–（c）の3つが所有の中心的な意味関係であると述べている。

（a）所有権（および一時的所有）：John's car, our house

（b）全体－部分関係：Mary's teeth, the door of the cabin

（c）親族関係（血族・姻族）：my mother, Mary's husband

（d）人・動物・モノの属性：John's temper, the age of that fossil

（e）方位・位置の述べ立て：the front of the van, the inside of the Easter egg

（f）関連：Paul's dentist, Carol's ancestral village

（g）名詞化：John's discovery, the refugees' settlement, the kidnapping of their prince

以下では先行研究で提案された代表的な所有の区別・分類を紹介する。

3.1　分離可能所有と分離不可能所有

世界の多くの言語で、所有者と所有物が分離可能な所有（alienable possession）と分離不可能な所有（inalienable possession）の区別が見られる＊5。以下は系統や地域が異なる言語の限定所有の例である。

（5）Amele（Madang, New Guinea; Roberts 1987: 139）

　　a.　ija　　na　　jo　　　（alienable）
　　　　1SG　of　　house

　　　　'my house'

　　b.　ija　　co-ni　　　　　（inalienable）
　　　　1SG　mouth-1SG.POSS

　　　　'my mouth'

（6）Abun（West Papuan; Berry and Berry 1999: 77–78）

　　a.　ji　　bi　　nggwe　（alienable）
　　　　1SG　POSS　garden

　　　　'my garden'

　　b.　ji　　syim　　　　　（inalienable）
　　　　1SG　arm

　　　　'my arm'

12

（7）Navajo（Athabaskan, Na-Dene; Young and Morgan 1980: 7）

    a.   be-   'a-   be'   （alienable）

        3SG   UNSP＊6   milk

        'her something's milk'（from the store）

    b.   bi-   be'   （inalienable）

        3SG   milk

        'her milk'（from her own mammary glands）

（8）Uilta（Tungusic, Altaic; Tsumagari 2009: 6）＊7

    a.   sura-ŋu   -bi   （alienable）

        flea-ALIENABLE   -1SG

        'my flea'

    b.   cikte-bi   （inalienable）

        louse-1SG

        'my louse'

（9）Malakmalak（Daly, Australian; Birk 1976: 106）

    a.   muyinʸ   yinʸa-nö   （alienable）

        dog   man-POSS

        'man's dog'

    b.   yinʸa   puntu   （inalienable）

        man   head

        'man's head'

　上例はいずれも上段が分離可能所有、下段が分離不可能所有である。（5）は分離可能か不可能かで名詞句の標示方式が異なっている（（5a）は従属部標示で（5b）は主要部標示）。また、（6）–（9）では分離可能所有は格標示などが有標の形式をとっているのに対し、分離不可能所有は無標の形式をとっている（（9）は標示の有無だけでなく、語順も異なっている）。分離不可能所有は所有物と所有者の強い構造的結びつきを伴う（Nichols 1992: 117）。

　Nichols（1988: 562）は分離可能／不可能所有の語彙的な分布について、分離不可能所有をとる名詞はほとんど常に閉じたセット（少数）を構成するのに対し、分離可能所有をとる名詞は開いたセット（無限）であると述べている＊8。さらに Nichols（1988:

572）は分離不可能な項目として以下の3つを挙げ、これらの含意的階層（例えば、ある言語が（ⅱ）を分離不可能として扱う場合、常に（ⅰ）は分離不可能）を提案した。

（ⅰ）親族名称 and/or 身体部分

（ⅱ）部分－全体 and/or 空間関係

（ⅲ）文化的に基本的な所有物（例：矢、家畜）

　分離不可能性（inalienability）の研究で有名な Chappell and McGregor（1996: 4）は、20世紀の初めにメラネシア諸語におけるこの2種類の所有に言及した Lévy-Bruhl（1914）の記述をもとに分離不可能所有の4つのタイプを挙げている。

（ⅰ）本来的な関係（例：'front', 'top', 'side' などの空間関係）

（ⅱ）不可欠な関係（例：身体部分。無生物の全体の部分も該当）

（ⅲ）2者間の密接な生物的／社会的関係（例：親族）

（ⅳ）人の暮らしや生存に欠かせないもの

　どのタイプも「所有者」と「所有物」の切っても切れない、本質的な、あるいは変わることのない関係からなる（Chappell and McGregor 1996: 4）。Chappell and McGregor（1996: 8–9）は上記の Nichols（1988: 572）が提案した含意的階層に対して多くの反例を挙げ（例えば、エウェ語（Ewe）と中国語では空間的な方向を表す語が最も分離不可能なカテゴリーとして階層の最上位に現れる）、どのカテゴリーを分離不可能として扱うかについての言語間の違いは含意的階層に一致せず、このような階層を立てるのは有効ではないと述べている。

　Heine（1997a: 10）は分離不可能として扱われやすい項目として以下のような概念領域を挙げている。

（a）　親族役割

（b）　身体部分

（c）　相関的な空間概念：'top', 'bottom', 'interior'

（d）　ほかのアイテムの部分：'branch', 'handle'

（e）　身体および精神の状態：'strength', 'fear'

（f）　名詞化（「所有物」は動詞的名詞）：'his singing', 'the planting of bananas'.

さらに、言語によって 'name', 'voice', 'smell', 'shadow', 'foot-print', 'property', 'home' なども分離不可能として扱われると述べている。

分離不可能性の境界の定め方は大部分、文化特有の慣習によるもので、'neighbor', 'house', 'bed', 'fire', 'clothes', 'spear' のような概念が分離不可能なカテゴリーに属す言語もあれば、ほかの言語ではそうではない。分離不可能な所有物と分離可能な所有物の境界がどこにあるかについては実際に言語によってかなり異なる（Heine 1997a: 11）。

3.2　その他の区別

分離可能所有／分離不可能所有の区別のほかに、例えば Lyons（1968: 301）は必然的（necessary）／偶然的（contingent）の区別を提案している。必然的状態とは永続的に（あるいは必然的に）特定の人や事物と結びついている状態で、偶然的状態とは一時的に（あるいは偶然的に）特定の人や事物と結びついている状態のことである。Lyons は所有される項目が所有者と偶然的に結びつく場合には、いくつかの言語（特に中国語とスー語族（Siouan）*9）において分離可能なものとして示され、所有者と必然的に結びついている場合には無標か分離不可能として示されると述べている。

角田（2009: 158）は日本語と英語で「髭の男」a bearded man、「青い目の少年」a blue-eyed boy、「良い性格の男」a good-natured man のような言い方はできるが、「*目の少年」*an eyed boy、「*性格の男」a natured man のような言い方ができないことに注目し、身体部分や属性を以下の2種類に分類することを提案した。

（a）普通所有物　：普通、誰にでもあるもの。

身体部分の例：頭、目、足。属性の例：性格、体重。

（b）非普通所有物：普通、誰にでもあるとは限らないもの。

身体部分の例：髭、ニキビ。属性の例：才能、風格。

角田（2009: 159）は「青い目の少女」a blue-eyed girl、「良い性格の男」a good-natured man の修飾要素を除くと不適格になる（「*目の少女」*an eyed girl、「*性格の男」a natured man）ことか

ら、一見、修飾要素の有無の問題に見えるが、「髭の男」a bearded man、「ニキビの少年」a pimpled boy などは修飾要素がなくても言えるため、適格さの決め手は修飾要素の有無ではなく、普通所有物と非普通所有物の違いであると結論している。

　以上、本節では所有に関して提案されたさまざまな区別・分類を概観した。

4. Heine（1997a）の理論的枠組み

　本節では本書が理論的枠組みとして用いる Heine（1997a）の鍵となる概念を導入する。

4.1　所有概念

　Heine（1997a）は、「言語を広く見渡すと、何らかの方法で区別される傾向にあり、所有の通文化的な理解に関与しているであろう所有概念の一覧があると思われる」（p.33）と述べ、以下の7つの所有概念を挙げている（pp.34–35）。

（ⅰ）*Physical possession*: PHYS（物理的所有）

　　　当該時点において所有者と所有物が物理的に相互に関係している。例は（10）。

（10）I want to fill in this form; do you have a pen?

（ⅱ）*Temporary possession*: TEMP（一時的所有）

　　　所有者は一定期間、所有物を自由に使用することができるが、その所有権を主張できない。例は（11）。

（11）I have a car that I use to go to the office but it belongs to Judy.

（ⅲ）*Permanent possession*: PERM（永続的所有）

　　　所有物は所有者の財産であり、一般に所有者は所有物に対する法的所有権を持つ。例は（12）。

（12）Judy has a car but I use it all the time.

（ⅳ）*Inalienable possession*: INAL（分離不可能所有）

　　　所有物は身体部分や親族のように一般に所有者から分離で

きないと考えられる。例は (13)。

(13) I have blue eyes/two sisters.

(ⅴ) *Abstract possession*: ABST（抽象物所有）
所有物は病気や感覚、心理状態など、目に見えない無形の概念である。例は (14)。

(14) He has no time/no mercy.

(ⅵ) *Inanimate inalienable possession*: IN/I（無生物分離不可能所有）
しばしば、部分－全体の関係と呼ばれるが、所有者が無生物という点で分離不可能所有（INAL）と異なる。所有物と所有者は分離不可能と考えられる。例は (15)。

(15) That tree has few branches.
My study has three windows.

(ⅶ) *Inanimate alienable possession*: IN/A（無生物分離可能所有）
所有者は無生物で所有物は所有者から分離できる。例は (16)。

(16) That tree has crows on it.
My study has a lot of useless books in it. *10

英語では上記の所有概念すべてを have あるいは属格で表すことができる。次例では1つの文に3つの異なる所有概念が現れている（Heine 1997a: 35）。

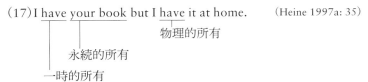

(17) I have your book but I have it at home.　　　(Heine 1997a: 35)

Heine は上例の I have it at home を物理的所有に分類していることから、物理的所有は当該時点に所有者が所有物を現に持っている（携帯所持している）必要はないようである（上例 (10) は文脈から現に持っている意味に解釈される）。

英語と異なり、所有概念によって構文を使い分ける言語もある。例えばマンディング語では物理的所有は主として *kùn* 構文（Y bɛ X *kùn*）で、永続的所有は *fɛ̀* 構文（Y bɛ X *fɛ̀*）で、抽象物所有は

第2章　先行研究と Heine (1997a) の理論的枠組み　17

la 構文（Y *bɛ* X *la*）で表される（Heine 1997a: 35–36）。

（18）Manding（Mande, Niger-Congo; Heine 1997a: 36）

    a.   wari   `   bɛ   Baba   **kùn.**

        money   the   be.at   Baba   head

        'Baba has the money（on him）.'

    b.   wari   `   bɛ   Baba   **fɛ̀.**

        money   the   be.at   Baba   at

        'Baba has（=owns）the money.'

    c.   minnɔgɔ   bɛ   ù   `   **la.**

        thirst   be.at   their   at

        'They have thirst（=are thirsty）.'

　本書の考察対象であるヒンディー語も所有概念によって構文を使い分ける言語であり、その詳細は第4章で述べる。

4.2　所有のプロトタイプ特性

　本章1節で所有のプロトタイプ特性について触れた。Heine（1997a: 39）は Taylor（1989: 202）の挙げたプロトタイプ特性を簡略化し、以下の5つに集約した。

    I　　所有者は人間である。

    II　　所有物は具体物である。

    III　　所有者は所有物を使用する権利を持つ。

    IV　　所有者と所有物は空間的に近接している。

    V　　所有には時間的制限が考えられない。

　前節で挙げた7つの所有概念をこれらのプロトタイプ特性に照らすと表1のようになる。

表1　所有概念のプロトタイプ特性（Heine 1997a: 39）

	PHYS	TEMP	PERM	INAL	ABST	IN/I	IN/A
I	+	+	+	+	+	−	−
II	+	+	+	+	−	+	+
III	+	+	+	+ / −	−	−	+
IV	+	+	+	+ / −	+	+	+
V	−	−	+	+	+ / −	+	−

Heine（1997a: 40）は上記のプロトタイプ特性に基づき、最もプロトタイプ的な所有を永続的所有（PERM）（5項目すべてに該当）、次に物理的所有（PHYS）、一時的所有（TEMP）、分離不可能所有（INAL）（4〜5項目に該当）、その次に抽象物所有（ABST）、無生物分離不可能所有（IN/I）、無生物分離可能所有（IN/A）（2〜3項目に該当）と3段階に分類している（図1）。

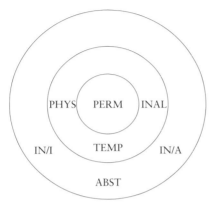

図1　所有概念のプロトタイプ（Heine 1997a: 40）

　表1の所有概念の並びは図1を意識して作られている。まず、所有者が人間ではないIN/IとIN/Aは右端に置かれ、残った5つの所有概念のうち最もプロトタイプ的なPERMを中央にして左側にPHYSとTEMP（プロトタイプ特性のI–IVはPERMと同じで、所有の期間でみるとPHYS＜TEMP＜PERMとなる）、右側にINALとABST（プロトタイプ特性の該当数でみるとPERM＞INAL＞ABSTとなる）が配置されている。特にPERMから右へ行くほどプロトタイプ性の低い所有概念になっている。

4.3　叙述所有の起点

　Heine（1997a: 45）は、所有は比較的抽象的な概念領域であり、その表現はより具体的な領域から派生している*11 とし、その発達を文法化（本章7節参照）で説明している。そして、叙述所有の起点（source）に以下の8つのイベント・スキーマ（事態の捉え方を定式化した概念的原型）を設定している（表2：Xは所有者、Y

は所有物を表す)。

表2　叙述所有表現に使用されるスキーマ（Heine 1997a: 47）

Formula	Label of event schema
X takes Y	Action
Y is located at X	Location
X is with Y	Companion
X's Y exists	Genitive
Y exists for/to X	Goal
Y exists from X	Source
As for X, Y exists	Topic
Y is X's (property)	Equation

　以下では各スキーマについて簡単な説明を加え、具体例を示す。
まず、Action Schema は 'take', 'seize', 'grab', 'catch' などの動作動
詞（他動詞）を使う型で、その発達のプロセスは X takes Y ＞ X
has, owns Y のように記述できる。英語をはじめ、多くのヨーロッ
パの言語が（19）のように Action Schema を用いて所有を表す
が＊12、ヨーロッパ以外の言語にも Action Schema の例が見られる
（（20））。

（19）Portuguese（Indo-European, Romance; Freeze 1992: 587）

O　　　menino　　tem　　　　fome.
the　　child　　　takes/has　　hunger

'The child is hungry.'

（20）Nama（Central Khoisan, Khoisan; Heine 1997a: 47）

kxoe. p　　ke　　'auto.sa　　'uu　　hââ.
person.M　　TOP　　car　.F　　take　　PERF

'The man has the car.'

　Action Schema に用いられる動詞は上に挙げたような動作動詞が
典型的であるが、それ以外にも 'hold', 'carry', 'get', 'find', 'obtain',
'acquire', 'rule' などの non-dynamic な動詞や inactive な動詞も用
いられる（Heine 1997a: 48）。

（21）Gooniyandi（Australian, Bunaban; McGregor 1990: 492）

nganyi   marlami   goorijgila   yawarda.
I   not   I:hold:it   horse

'I haven't got a horse.'

(22) Dullay (Eastern Cushitic, Afro-Asiatic; Amborn, Minker and Sasse 1980: 106)

ló'ó   an-šéeg-a
cow   I-carry-1SG.IPFV

'I have a cow.'

(23) Warrongo (Pama-Nyungan, Australian; Tsunoda 2011: 665)

jarribara-Ø   ngona-Ø   jalany-Ø   ganyji-n   jomoboro-nggo.
good-ACC   that-ACC   tongue-ACC   carry-NF   cattle-ERG

'Cattle have that good [i.e. honest?] tongue.' *13

(24) Abun (Papuan, West Papuan; Berry and Berry 1999: 226)

men   yo   ku   sugum
1PL   NEG   get   money

'We don't have money.'

Location Schema（Y is at X's place ＞ X has, owns Y）は locative copula や状態動詞（'be at', 'stay', 'sit', etc.）を用いる型で、所有者は場所補語としてコード化される。(27) のように動詞を伴わない、あるいは義務的でない言語もある。

(25) Turkish (Turkic, Altaic; Lyons 1968: 395)

Ben-de   kitap   var.
me-LOC   book   existent

'I have a book (with me/on me).'

(26) Estonian (Finnic, Uralic-Yukaghir; Lehiste 1972: 208)

isal   on   raamat.
father.ADESSIVE   be.3SG.PRES   book.NOM.SG

'Father has (a) book.'

(27) Russian (Slavic, Indo-European; Lyons 1968: 394)

U   menja   kniga.
at   me   book

'I have a book.'

第 2 章　先行研究と Heine（1997a）の理論的枠組み　21

Companion（or Accompaniment）Schema（X is with Y > X has, owns Y）では所有物は所有者の一種の付随物として概念化される。

(28) Portuguese（Romance, Indo-European; Freeze 1992: 587）

O	menino	esta	com	fome.
the	child	is	with	hunger

'The child is hungry.'（Lit.: 'The child is with hunger.'）

Existence Schema は存在動詞を用いる型で、Genitive、Goal、Topic の3つの下位スキーマがある。所有者は、Genitive Schema（X's Y exists > X has, owns Y）では所有物の属格修飾句としてコード化され（(29)）、Goal Schema（Y exists for/to X > X has, owns Y）では与格／受益者格／目標格でコード化される（(30)）。Topic Schema では文の主題として表される（(31)）。

(29) Turkish（Turkic, Altaic; Lyons 1968: 395）

Kitab-ïm	var.
book-my	existent

'I have a book.'

(30) Tamil（Dravidian, Elamo-Dravidian; Ultan 1978: 33）

ena-kku	oru	nalla	nāy	(irukkiratu).
1SG-DAT	a	good	dog	is

'I have a good dog.'（Lit.: 'To me a good dog is.'）

(31) Cahuilla（Takic, Uto-Aztecan; Seiler 1983: 58）

wíkikmaĺ-em	hem-wák?a	míyaxwen
bird-PL	3PL-wing	exists

'(The) birds have wings.'

Source Schema（Y exists（away）from X > X has, owns Y）では所有者は 'from'、'off'、'out of' のような奪格の参与者として表される（(32)）。

(32) Slave（Athabaskan, Na-Dene; Rice 1989: 933）

ts'ét'ú	nets'ę
cigarette	2SG.from

'Do you（sg.）have cigarettes?'

Equation Schema（Y is X's（property）> Y belongs to X）は、

ほかのスキーマと異なり、常にY→X構文に関係する（(33)）。

(33) Chinese（Sinitic, Sino-Tibetan; Lyons 1968: 393）

Shū shì wǒ-de.（書是我的）
book be me-of

'The book is mine.'

Heine（1997a）がサンプルとした100言語のX→Y構文（合計110*14）において、Location Schema と Goal Schema を起点とするものが多く（20.9％＋20.0％＝40.9％）、以下、Genitive Schema（14.6％）、Action Schema（13.6％）、Companion Schema（12.7％）の順に続く。地域的な特徴としては、Goal Schemaの使用は特にアジアの言語に顕著で、Companion Schema はアフリカの言語でよく使用される。

5．Stassen（2009）の研究の領域と分類

Stassen（2009）は、世界の言語において叙述所有の概念が形式的に実現されうるさまざまな方法を調査した類型論的な研究である（サンプルとした言語の総数は420）。Stassen は多くの言語に同じ基準を適用し、1言語内でも変種や異なる振る舞いを引き起こす要因をできるだけ排除するため、研究の領域を意味機能的、形式的にかなり限定している（(34)）。

(34) 領域定義（Stassen 2009: 35）

研究の領域は以下の叙述的な分離可能所有をコード化する肯定文からなる。

a）所有者を表す名詞句が主題で、

b）所有物を表す名詞句が修飾されたり数量化されていない*15。

したがって、Stassen（2009）では分離不可能所有や、Y→X構文（例は(3)）、否定文などは除外されている*16（しかし、Stassen は各言語の資料でほかに得られるデータがないため、やむを得ずこうした例を含むこともあると述べている）。

Stassen（2009）は叙述所有の形式を（ⅰ）Locational Possessive,

第2章　先行研究と Heine（1997a）の理論的枠組み　23

（ⅱ）With-Possessive,（ⅲ）Topic Possessive,（ⅳ）Have-Possessive の4つに分類している*17。Heine（1997a）のイベント・スキーマと比較すると表3のようになる。

表3　Heine（1997a）と Stassen（2009）の分類の比較

Heine（1997a）	Stassen（2009）
Action Schema	Have-Possessive
Location Schema Genitive Schema Goal Schema Source Schema	Locational Possessive
Companion Schema	With-Possessive
Topic Schema	Topic Possessive
Equation Schema	N/A

6.　本書における所有の捉え方と考察範囲

　所有は比較的抽象的な概念領域であり、明確に定義することが難しい。上述のように Stassen（2009）は通言語的に同じ基準を適用するため、研究の領域をかなり限定しているが、本書ではヒンディー語の多様な所有表現と言語現象を扱うため、所有を広く捉える。具体的には Heine（1997a）の理論的枠組みに基づき、ヒンディー語の所有表現とその関連表現を考察する。本書が Heine（1997a）に依拠する理由は以下の点である。

（ⅰ）所有を形式や意味で分類するだけでなく、文法化の大きな流れの中で捉えている。

（ⅱ）従来の分離可能所有／分離不可能所有の2分法ではなく、抽象物の所有や所有者が無生物の所有も扱っている。

（ⅲ）1言語内における複数の所有構文の併用とその使用条件について詳しく扱っている。

本書における所有の捉え方と考察範囲は以下の通りである。

（ⅰ）所有は2つの事物（XとY）の非対称的な関係（YはXに属す）である（cf. Stassen 2009: 11）。この関係にあるXを

所有者と呼び、Y を所有物と呼ぶ。X と Y は名詞句または代名詞句である。

（ⅱ）プロトタイプ的な所有関係は X が人間で、Y が無生の具体物であるが、それ以外の場合も所有関係に含める。具体的な所有関係は Heine（1997a）が提案した 7 つの所有概念である。

（ⅲ）本書の考察対象は現代標準ヒンディー語の X → Y 構文（本章 2 節）とその関連表現である。ヒンディー語とウルドゥー語は言語学的に同一の言語であることから、特筆すべき点がある場合、ウルドゥー語の先行研究の記述や用例を引用することがある。

7. 文法化について

大堀（2004）は「文法化とは、それまで文法の一部ではなかった形が、歴史的変化の中で文法体系（形態論・統語論）に組み込まれるプロセスである。より具体的には、自立性をもった語彙項目が付属語となって、文法機能をになうようになる変化［＝脱語彙化］が、典型的な文法化である」（p.26）と定義し、加えて、もともと自立形式でなくても、使用範囲が広がり、機能の多様化が起きるケースや構文の発達もまた文法化の視野に入ってくると述べている。

Heine（1997a: 76）は、ある言語表現（E）がその慣習的な意味（M_1）に加え、より抽象的で文法的な意味（M_2）を受けるプロセスを文法化と呼んでいる。ここで言う M_1 は本章 4.3 節で述べた起点スキーマ（文法化の起点となるイベント・スキーマ）の意味を指し、M_2 はそれらの起点スキーマが獲得した所有の意味を指す。

文法化に関してはすでに多くの研究がある。文法化の研究史や理論については Heine, Claudi, and Hünnemeyer（1991）、Hopper and Traugott（2003）、Narrog and Heine（2011）など、日本語で書かれた概説や事例研究については秋元（2014）、保坂（2014）、秋元・青木・前田（2015）などを参照されたい。

＊1　中右（1998: 83–84）によれば、have/possess/own は使用範囲が異なり、許容度に違いがある。own は文字通り所有権（ownership）が関わる場合にのみ使用可能で、譲渡可能な所有を使用範囲とする。譲渡不可能な所有は own の使用範囲ではないが、possess の許容範囲である。しかし、possess は have ほどには許容されない。

（ⅰ）Our library {has/possesses/owns} a million books.
（ⅱ）This car {has/possesses/*owns} a very powerful engine.
（ⅲ）He {has/??possesses/*owns} two nephews and a niece.

（中右 1998: 84）

＊2　角田（2009: 145–176）は「メアリーは青い目をしている」「太郎は明るい性格をしている」などの「する（している）」は「野球をする」等の「する」と違って所有を表すとし、その用法について詳しい分析をしている。この表現（「青い目をしている」構文と呼ばれる）に関する研究として、ほかに佐藤（2003）、影山（1990, 2004）などがある。

＊3　Miller and Johnson-Laird（1976: 565）はこれら3つの所有概念のうち1つ以上を含む動詞を所有動詞と定義している。

＊4　Miller and Johnson-Laird（1976）の inherent という術語の使い方はほかの研究者と異なる（Heine 1997a: 10）。

＊5　この区別には多くの研究者がさまざまな術語を提案してきた（詳細は Heine 1997a: 10 を参照）。alienable/inalienable の訳語として「譲渡可能／譲渡不可能」もよく使われるが、本書では「分離可能／分離不可能」を用いる。

＊6　Unspecified third-person possessor.

＊7　この「私の蚤」－「私のシラミ」のペアはウイルタ語の最も有名な例である（シラミが分離不可能なのは、こびりついて離れないためと考えられる）。ほかに my meat–my flesh, my bear–my dog, my thread–my needle のペア（前者が分離可能で後者が分離不可能）が挙げられている。

＊8　Nichols（1988）がサンプルとしたのは主として北米インディアンの言語で、調査対象は限定所有である。

＊9　北米インディアンの言語。Lyons は具体的な例は挙げていない。

＊10　中右（1998: 82–91）はこのような NP–have–NP–PP タイプの構文に含まれる have を「存在の have」と呼び、「所有の have」と区別している。所有の have は possess や own に言い替えられるのに対し、存在の have は言い替えられない。

（ⅰ）John {has/*possesses/*owns} dirt all over his coat.
（ⅱ）The table {has/*possesses/*owns} some maps on it.　（中右 1998: 86）
なお、存在の have の主語は無生物とは限らず、（ⅰ）のように有生物にもあてはまる。

＊11　Heine は別の箇所で、「所有は非言語学的な用語で定義しにくい点で抽象的な概念である。それゆえ、人々が所有について述べるのに、ある概念的なテンプレートを用いるのは驚くことではない」（Heine 1997a: 76）と述べている。

＊12　"Although the roots for the verb 'have' vary across the Indo-European languages, as Meillet pointed out long ago (1923: 10), their etymology is generally clear: the verbs share the same basic meaning 'grasp, hold', and so forth."(Bauer 2000: 187)

*13　ワロゴ語には約10種類の所有表現がある。*ganyji-L* 'carry' を用いた所有表現では所有物は身体部分に限られる（Tsunoda 2011: 638, 664–665）。

*14　各言語の主要スキーマ（major schema）が考慮されているが、いくつかの言語には主要スキーマが2つ以上ある。

*15　Stassen（2009: 31–32）はこの限定の理由として、所有物名詞句が数量化あるいは修飾されると、叙述所有の構文が特定の変化を受ける言語が少なくないことを挙げている。

*16　所有物が不定の構文に限定する理由はサンプルとした言語の資料が一般に定の変種のコード化に関する情報を欠いているためであり、肯定文に限定する理由はいくつかの言語で肯定文と否定文の間に重大な語彙的、形態統語的対照が見られるためである（Stassen 2009: 30–34）。

*17　Stassen（2005）では、（ⅰ）Locational Possessive,（ⅱ）Genitive Possessive,（ⅲ）Topic Possessive,（ⅳ）Conjunctional Possessive（＝With-Possessive),（ⅴ）Have-Possessive の5つに分類していたが、Stassen（2009）では Genitive Possessive を立てるのをやめ、4つにまとめている。

第3章

ヒンディー語の基本文法

　本章では次章以降でヒンディー語の用例を見る上での前提知識となるヒンディー語の基本文法を略述する。

1．基本文と語順

1.1　肯定文

はじめにヒンディー語の基本文を挙げる。(1) は名詞文、(2) は形容詞文、(3) は動詞文である。ヒンディー語の基本語順はSOV で＊1、単文では日本語とほぼ同じ語順をとる。

(1) bhaarat＝kii　　　raajdhaanii　　naii　　　dillii
　　インド.M＝GEN.F　　首都.F.SG　　　新しい.F　　デリー.F

　　hai.
　　COP.PRS.3SG

　　「インドの首都はニューデリーだ」

(2) raam　　　siitaa＝se　　　lambaa　　　hai.
　　ラーム.M　　シーター.F＝ABL　　背が高い.M.SG　　COP.PRS.3SG

　　「ラームはシーターより背が高い」

(3) prakaash　　　kaalej＝mẽ　　　jaapaanii
　　プラカーシュ.M　　大学.M.SG＝LOC　　日本語.F.SG

　　siikh-taa　　　hai.
　　学ぶ-IMPF.M.SG　　AUX.PRS.3SG

　　「プラカーシュは大学で日本語を学んでいる」

　上例が示すようにヒンディー語は後置詞を持ち、属格 – 名詞、形容詞 – 名詞、比較の基準 – 比較形容詞、動詞 – 助動詞の語順をとり、Greenberg（1966）が挙げた語順に関する含意的普遍性＊2 に適合している。

29

1.2　疑問文

ヒンディー語は文末イントネーション（上昇）だけで疑問を表すことも可能であるが、疑問を明示的に表すには文頭あるいは文末に疑問標識 *kyaa* を置く（（4）は文頭の例）。

(4) **kyaa**　baazaar　　　yahãã = se　duur　hai?
　　　Q　　　マーケット .M　ここ = ABL　遠い　COP.PRS.3SG

　　　「マーケットはここから遠いですか」　　　　　　　　（HJD0275a）

1.3　否定文

ヒンディー語には 3 つの否定辞 *nahīī, na, mat* がある。*nahīī* は定形動詞（finite verb）の否定に使われ、*na* は主として非定形動詞（non-finite verb）の否定に使われる。*mat* はもっぱら否定命令に使われる（（5）–（7）はそれぞれの例）。否定辞は通常、動詞の直前に置かれるが、強調する場合は動詞の直後に置かれる（（8））。

(5) vah　maans　**nahīī**　khaa-tii　　　　（hai）.
　　3SG　肉 .M　　NEG　　食べる -IMPF.F.SG　AUX.PRS.3SG

　　　「彼女は肉を食べません」

(6) nīīd　　　**na**　aa-ne = ko　　　cintaa = kaa
　　眠気 .F.SG　NEG　来る -INF.OBL = ACC　心配 .F.SG = GEN.M.SG

　　viShay　　**na**　banaa-ẽ.
　　対象 .M.SG　NEG　作る -SBJV.2PL.HON

　　　「眠気が来ない（= 眠れない）ことを心配の種になさらない
　　　ように」　　　　　　　　　　　　　　　　　　　　（HJD0410b）

(7) yah　paanii　**mat**　pi-o.
　　この　水 .M　　NEG　　飲む -IMP

　　　「この水を飲むな」　　　　　　　　　　　（McGregor 1995: 44）

(8) vah　merii　　　baat　sun-taa　　　　**nahīī**.
　　3SG　1SG.GEN.F　話 .F.SG　聞く -IMPF.M.SG　NEG

　　　「彼は僕の言うことなんか聞きませんよ」　　　（鈴木 1996: 32）

ヒンディー語の一般動詞（コピュラ動詞／存在動詞以外の動詞）の現在表現は（3）のように「動詞の未完了分詞 + 助動詞 *honaa* の現在形」の 2 語で表されるが、否定文では（5）、（8）のように助

動詞が省略されるのが普通である。

以上がヒンディー語の基本文と語順であるが、会話における語順はかなり自由度が高く、SOV以外の語順も頻繁に見られる。

2. 名詞と形容詞の語形変化

ヒンディー語は文法的に2つの性（男性と女性）、2つの数（単数と複数）、2つの格（主格（nominative）と斜格（oblique））を区別する*3。斜格とは名詞や代名詞などが後置詞を伴った時にとる格のことで後置格とも言う。

名詞の変化（単数形－複数形）は男性名詞の場合、単数形が-aaで終わるか終わらないか、女性名詞の場合、単数形が-iiで終わるか終わらないかによって複数形の作り方が4種類に分かれる。

形容詞にも変化があり、-aaで終わる形容詞（例：acchaa「良い」）は修飾する名詞の性・数に応じて-aa（男性・単数）、-e（男性・複数）、-ii（女性・単数／複数）と変化する。-aaで終わらない形容詞は変化しない。

名詞に後置詞が付いて斜格になると、その名詞を修飾する形容詞や指示代名詞も斜格になる。表1は男性名詞laRkaa「少年」（-aa

表1　指示代名詞、形容詞、名詞の語形変化

	単　　数			複　　数		
主格	yah	acchaa	laRkaa	ye	acche	laRke
斜格	is	acche	laRke＋後置詞	in	acche	laRkõ＋後置詞
	この	良い	少年	これらの	良い	少年たち
主格	vah	puraanaa	ghar	ve	puraane	ghar
斜格	us	puraane	ghar＋後置詞	un	puraane	gharõ＋後置詞
	そ/あの	古い	家	そ/あれらの	古い	家
主格	yah	acchii	laRkii	ye	acchii	laRkiyāā
斜格	is	acchii	laRkii＋後置詞	in	acchii	laRkiyõ＋後置詞
	この	良い	少女	これらの	良い	少女たち
主格	vah	puraanii	kitaab	ve	puraanii	kitaabē
斜格	us	puraanii	kitaab＋後置詞	un	puraanii	kitaabõ＋後置詞
	そ/あの	古い	本	そ/あれらの	古い	本

で終わる）、ghar「家」（それ以外）、女性名詞 laRkii「少女」（-ii
で終わる）、kitaab「本」（それ以外）を例に上記をまとめたもので
ある。

3. 後置詞

前節で述べたように、ヒンディー語の形態的な格変化は主格と斜
格の2つしかない。その代わりに一連の後置詞が格の機能を補って
文法関係を表す。代表的な後置詞は以下の7つである。

（ⅰ）ko　　対格（accusative）「～を」、与格（dative）「～に」

（ⅱ）se　　具格（instrumental）「～で／によって」、奪格（abla-
　　　　　　tive）「～から／より」、ほかに「～に」「～と」など

（ⅲ）tak　　「～まで」

（ⅳ）kaa　　属格（genitive）「～の」

（ⅴ）mẽ　　所格（locative）「～（の中）に／で」（英語の in に相当）

（ⅵ）par　　所格「～（の上）に／で」（英語の on, at に相当）

（ⅶ）ne　　能格（ergative）（本章6.3節参照）

ko は対格「～を」と与格「～に」を表す。他動詞文において
（直接）目的語が人間の場合は ko「～を」を伴い、人間以外の場合
は原則として主格で標示される（（9）–（10））。

（9）is　　　　　aadmii = ko　　　　dekh-ie.
　　　この.OBL　　男；人.M.SG.OBL = ACC　見る-IMP.POL

　　「この人を見てください」　　　　　　　　　（町田2008：54）

（10）yah　　　kitaab　　　　dekh-ie.
　　　この.NOM　本.F.SG.NOM　　見る-IMP.POL

　　「この本を見てください」　　　　　　　　　（町田2008：54）

他動詞が二重目的語をとる場合、間接目的語に ko「～に」が付
き、直接目的語は主格で標示される。

（11）shukl　　　jii = ko　　　vah　　　　pustak
　　　シュックル　HON = DAT　　あの.NOM　　本.F.SG.NOM

　　dikhaa-ie.
　　見せる-IMP.POL

「シュックルさんにあの本を見せてください」

(田中・町田 1986: 51)

上に挙げた後置詞のうち kaa「〜の」だけは形容詞と同様、修飾する名詞の性・数・格に応じて kaa/ke/kii と変化する（(12) の太字部分）。それ以外の後置詞は変化しない。

(12) baap = **ke**   zamaane = **ke**
父 .M.SG.OBL = GEN.M.OBL   時代 ; 頃 .M.SG.OBL = GEN.M.OBL

us   puraane   makaan = **kaa**   kiraayaa
その .OBL   古い .M.OBL   家 .M.SG.OBL = GEN.M.SG   賃料 .M.SG.NOM

keval   20   rupaye   th-aa.
たったの   20   ルピー .M.PL.NOM   COP.PST-M.SG

「父の時代のその古い家の賃料はたったの 20 ルピーだった」

(Chiranjeet, *Silbilnama*)

上例 (9) – (12) ではすべてのグロスを精密に表記したが、煩雑で読みにくくなるため、以下では主要な名詞や述部以外のグロスは支障のない範囲で簡略に表記する。

4. 小詞

ヒンディー語には日本語のとりたて（助）詞に相当する 3 つの小詞 to, bhii, hii がある。これらは Sharma (2003)、Kachru (2006) では次のように記述されている。

(13) Sharma (2003: 61)

    to   contrastive topic

    bhii   inclusive contrastive focus ('also', additive/scalar)

    hii   exclusive contrastive focus ('only')

(14) Kachru (2006: 108)

    to   topic marker

    bhii   'also' (inclusive emphatic)

    hii   'only' (exclusive emphatic)

to は日本語の「は、なら」、*bhii* は「も、すら、さえ」、*hii* は「だけ、ばかり、こそ」に相当する。本書の例文におけるそれぞれ

第 3 章　ヒンディー語の基本文法　　33

のグロスは、*to*: TOP、*bhii*: INCL FOC、*hii*: EXCL FOC とする。

5.　人称代名詞と尊敬表現

5.1　人称代名詞

　表2はヒンディー語の人称代名詞の語形（主格と斜格）である。
人称代名詞にはほかにも属格、対格／与格の語形があるが、それに
ついては第4章3.1節、第4章4.1節で述べる。

表2　人称代名詞の語形

人称	単　　数		複　　数	
	主格	斜格	主格	斜格
1人称	mãĩ	mujh	ham	
2人称	tuu	tujh	tum	
2人称（敬称）	—	—	aap	
3人称（近称）	yah	is	ye	in
3人称（遠称）	vah	us	ve	un

　人称代名詞は人称と数によって語形が異なるが、性による違いは
ない。ヒンディー語には2人称代名詞が3つあり（単数の *tuu*、複
数の *tum*、複数敬称の *aap*）、*tuu*「お前は」、*tum*「君は」、*aap*
「あなたは」のように親疎の度合いや丁寧度によって使い分けられ
る（(15)）。

(15) aap　　　　kaise　　　　　hãĩ?
　　 2PL.HON　　どのような.M.PL　COP.PRS.2PL.HON

　　「（あなたは）調子はいかがですか／お元気ですか」

tum と *aap* は1人の相手に対しても使うが、文法上は複数として
扱う。実際の人数が複数であることをはっきりさせたい時には *log*
「人々」をつけ、*tum log*「君たちは」、*aap log*「あなたたちは」の
ようにする。

5.2 尊敬表現

ヒンディー語には日本語のような相対的な人間関係を考慮する尊敬や謙譲の表現はあまりなく＊4、複数形の使用が尊敬の表現になる。

(16) bacco,　　　　kyaa　tum　jaan-te　　　ho
　　　子ども.M.PL.VOC　Q　　2PL　　知る-IMPF.M.PL　AUX.PRS.2PL

　　　bhaartiiy saṅg＝ke　raaShTrapati　kaun　hãĩ?
　　　インド連邦＝GEN.M.PL　大統領.M　　誰　　COP.PRS.3PL

　　　「君たち、インド連邦の大統領がどなたか知っていますか」

　　　　　　　　　　　　　　　　　　　　　　　　（古賀 1986: 288）

(17) mere　　　　vaalid　fauj＝mẽ　mejar　　th-e.
　　　1SG.GEN.M.PL　父親.M　軍隊＝LOC　陸軍少佐.M　COP.PST-M.PL

　　　「私の父は軍隊で陸軍少佐だった」

　　　　　　　　（http://www.bbc.co.uk/hindi/specials/2334_adnan_diary/）

上例（16）の大統領は1人の人物（単数）であるが、属格後置詞とコピュラ動詞は複数形が使われている（太字部分）。また、（17）でも父親は1人であるが、代名詞属格とコピュラ動詞は複数形が使われている。このように実際は単数の対象について複数形を用いることが尊敬表現になる（ヒンディー語では（17）のように身内に対しても尊敬表現を用いる）。

また、3人称代名詞の複数形 ve「彼ら／彼女ら／それら」は「あの方」のように話し手の敬意を表現するために実際には単数である対象についても頻繁に使われる。この時、対応する述語も上例と同じく複数形になる（（18））。

(18) ve　biimaar　th-e.　　　un＝ke　　pair＝bhii
　　　3PL　病気の　COP.PST-M.PL　3PL.OBL＝GEN　足.M.PL＝INCL FOC

　　　Thiik　nahĩĩ　th-e.
　　　良い　　NEG　　COP.PST-M.PL

　　　「あの方は病気だった。あの方の足も良くなかった」

　　　　　　　　　　　　　　　　　　　　　　　　　（古賀 1986: 94）

第3章　ヒンディー語の基本文法　　35

6．動詞

ヒンディー語の動詞の不定詞は常に *-naa* で終わり（例：*jaanaa*「行く」、*dekhnaa*「見る」）、辞書の見出し語にはこの形が用いられる。不定詞から *-naa* を除いた部分（上例では *jaa, dekh*）が動詞の語幹で、さまざまな活用変化の基礎となる。

6.1　動詞 *honaa*

honaa は英語の be, exist, become などに相当する動詞で、以下の4つの意味機能を持つ。

（ⅰ）コピュラ動詞：現在形の例は（1）、（2）、（4）、（15）および
　　　（16）の2行目の *hãĩ*、過去形の例は（12）、（17）–（18）。

（ⅱ）存在動詞「存在する；ある；いる」：（19）–（20）。

（19）iishvar　　hai.
　　　神 .M.SG　　存在する .PRS.3SG

　　　「神は存在する」　　　　　　　　　　　　　（Kachru 1968: 44）

（20）mez＝par　　do　　kitaabē　　hãĩ.
　　　机 .F.SG＝LOC　　二　　本 .F.PL　　ある .PRS.3PL

　　　「机の上に本が2冊ある」

（ⅲ）一般動詞「なる」「生じる」「行われる」など：（21）–（22）。

（21）havaa　　tez　　　　huii.
　　　風 .F.SG　　強い ; 激しい　　なる .PFV.F.SG

　　　「風が強くなった」　　　　　　　　　　　　　（古賀 1986: 130）

（22）kal　　caar　　baje　　baiThak　　ho-gii.
　　　明日　　4　　時に　　会合 .F.SG　　行われる -FUT.3.F.SG

　　　「明日4時に会合が行われる」　　　　　　　（Bahri 1997: 707b）

（ⅳ）助動詞：（3）、（5）および（16）の1行目の *ho*。

　文法書や先行研究では、*honaa* のグロスは単に be あるいは COP（コピュラ動詞）となっていて、上記の4種類の *honaa* が区別されていないことが多い。本書ではそれぞれを明確に区別し、グロスに表示する。表3は *honaa* の語形変化をまとめたものである。

表3　*honaa* の語形変化

人称・数	現在 （男女同形）	過去 （男／女）	未来 （男／女）	未完了 （男／女）	完了 （男／女）
1SG	hũũ	thaa/thii	hoũũgaa/ hoũũgii	hotaa/hotii	huaa/huii
2SG	hai		hogaa/ hogii		
3SG					
1PL	hãĩ	the/thĩĩ	hõge/hõgii	hote/hotĩĩ	hue/huĩĩ
2PL.HON					
3PL					
2PL	ho		hoge/hogii		

6.2　一般動詞の語形

ここでは *piinaa*「飲む」を例にいくつかの語形の例を示し、一致（agreement）について説明する。各文の主語*5 はいずれも 1 人称・男性・単数とする。

（23）har roz　mãĩ　caay　　pii-taa　　　　hũũ.
　　　毎日　　1SG　紅茶.F.SG　飲む-IMPF.M.SG　AUX.PRS.1SG

　　「毎日、私は紅茶（通常はミルクティー）を飲む」

（23）はすでに述べた現在表現で、「動詞の未完了分詞＋助動詞 *honaa* の現在形」で表される。未完了分詞は *-taa*（男性・単数）、*-te*（男性・複数）、*-tii*（女性・単数／複数）と変化するが、ここでは主語（男性・単数）に一致して *pii-taa* になっている。助動詞 *honaa* は現在形では主語の人称・数に一致する。

（24）us　　samay　mãĩ　caay　　　pii　　rahaa
　　　その　時　　　1SG　紅茶.F.SG　飲む　PROG.M.SG

　　th-aa.
　　AUX.PST-M.SG

　　「その時、私は紅茶を飲んでいた」

（24）は過去の進行表現で、「動詞語幹＋進行相標識＋助動詞 *honaa* の過去形」で表される。進行相標識は *rahaa*（男性・単数）、*rahe*（男性・複数）、*rahii*（女性・単数／複数）のように変化し、

第3章　ヒンディー語の基本文法　　37

ここでは主語（男性・単数）に一致して *rahaa* になっている。助動詞 *honaa* は過去形では主語の性・数に一致する。次例は欲求と可能の表現である。

(25) mãĩ   caay   pii-naa   caah-taa   hũũ.
      1SG   紅茶.F.SG   飲む-INF   欲する-IMPF.M.SG AUX.PRS.1SG

「私は紅茶を飲みたい」

(26) mãĩ   kaafii   nahĩĩ   pii   sak-taa.
      1SG   コーヒー.F.SG   NEG   飲む できる-IMPF.M.SG

「私はコーヒーが飲めない」

欲求の表現は「動詞の不定詞 + *caahnaa*」で表され（(25)）、可能の表現は「動詞語幹 + *saknaa*」で表される（(26)）。語順は異なるが、英語の "want to V"、"can V" と同じ構造である。

6.3　能格構文

ヒンディー語には言語類型論上のトピックの１つである能格がある。能格は他動詞文の主語を示す格であるが、ヒンディー語では述語動詞が他動詞完了分詞の場合にのみ、主語に能格を表す後置詞 *ne* が付く（分裂能格性 *6）。以下、具体例を示す。

(27) aaj subah mãĩ saat baje uTh-aa.
     今朝   1SG 7   時に 起きる-PFV.M.SG

「今朝、私は 7 時に起きた」

(28) aaj subah mãĩ=ne duudh   **pi-yaa.**
     今朝   1SG=ERG 牛乳.M.SG 飲む-PFV.M.SG

「今朝、私は牛乳を飲んだ」

(29) aaj subah mãĩ=ne caay   **p-ii.**
     今朝   1SG=ERG 紅茶.F.SG 飲む-PFV.F.SG

「今朝、私は紅茶を飲んだ」

(27) は自動詞文なので能格は現れない。また、これまでに挙げた他動詞文（例えば (23) – (26)）も動詞が完了分詞ではないので能格は現れない。しかし、(28) – (29) では動詞が他動詞完了分詞であるため、主語が能格で標示される。また、この時、動詞は主語ではなく、目的語の性・数に一致する（ヒンディー語では動詞

は主格の名詞／代名詞に一致するのが原則である）。したがって、(28) では *duudh*「牛乳 .M.SG」に一致して *piyaa* となり、(29) では *caay*「紅茶 .F.SG」に一致して、*pii*[7] になっている。

　(30) のように文中に目的語がなかったり、(31) のように目的語に後置詞 *ko*「〜を」が付いている（＝主格ではない）場合、動詞はデフォルトの男性・単数形をとる。

(30) mãĩ＝**ne**　　　**dekh-aa.**
　　　1SG＝ERG　　　見る -PFV.M.SG

　　　「私は見た」

(31) mãĩ＝**ne**　　　us　　　aurat＝**ko**　　　**dekh-aa.**
　　　1SG＝ERG　　　その　　　女性 .F.SG＝ACC　　　見る -PFV.M.SG

　　　「私はその女性を見た」

　以上、本章ではヒンディー語の基本文法を略述した。

＊1　語順は歴史的に OIA（Old Indo-Aryan）では比較的自由だったが、MIA（Middle Indo-Aryan）の 200–600 AD の間により固定化した（Kachru 2008: 97）。

＊2　「X ならば Y である」という形で表される。例えば、Greenberg（1966）の普遍性 4「偶然よりはるかに高い頻度で、基本語順が SOV である言語は後置詞型の言語である」。

＊3　OIA のサンスクリット語（Sanskrit）では 3 つの性（男性、中性、女性）、3 つの数（単数、両数、複数）、8 つの格（主格、対格、具格、与格、奪格、属格、所格、呼格）を区別したが、時代が下るにつれ、これらの区別は少なくなっていき、格については主格と斜格の 2 つに収斂した（厳密に言えばヒンディー語にも呼格があるが、ほとんど斜格と同じである）。

＊4　尊敬語の例として *aanaa*「来る」→ *tashriif laanaa* または *padhaarnaa*「いらっしゃる」、謙譲語の例として *mãĩ*「私」→ *bandaa*「手前；小生」など。ヒンディー語（およびベンガル語）の敬語表現の概要については町田（1987）、敬称や呼びかけ語、尊敬語・謙譲語の例については Kachru（2006: 267–268）、ヒンディー語の敬語表現におけるペルシャ語（Persian）の影響についてはアーザルパランド（2009）を参照。

＊5　ここでは大まかに、「他動詞能動文では、動作者或いはその類を指す語句。自動詞文では動作者、存在物、状態の持ち主等を表す語句」（角田 2009: 5）という意味で用いる。ヒンディー語の主語に関する詳細は Mohanan（1994）、

Montaut（2004）、Kachru（2006）等を参照。

＊6 1つの言語の中で、「主格−対格型」と「能格−絶対格型」の標示が併存していること。分裂のさまざまなパターンについては Dixon（1994: 70–110）を参照。

＊7 この *pii* は一見したところ *piinaa*「飲む」の語幹 *pii* と同形であるが、*pii-naa* の完了分詞の活用変化は語幹が不規則なため、グロスは *p-ii*「飲む -PFV. F.SG」となる。

40

第 4 章

存在動詞 *honaa* を用いた所有構文*1

　本章ではヒンディー語の X → Y 構文（第 2 章 2 節参照。以下、本書で「所有構文」と言うときは X → Y 構文を指すものとする）のうち、存在動詞 *honaa* を用いた構文を考察する。はじめにヒンディー語の所有構文の概要を述べ、その後、各所有構文に関する先行研究の記述と用例を挙げ、分析と考察を行う。

1.　ヒンディー語の所有構文の概要

　ヒンディー語の所有構文に関する主要な記述および研究としては、Bendix（1966）、Kachru（1969, 1980, 1990, 2006）、Hook（1979）、Sinha（1986）、Mohanan（1994）、McGregor（1995）、Verma（1997）、高橋（2003）、Montaut（2004）、Agnihotri（2007）などがある。また、類型論的な研究としては、Masica（1976, 1991）、Subbārāo（2012）などがある。先行研究の記述は大要、以下のようにまとめられる。

（ⅰ）ヒンディー語には英語の have に相当する動詞がなく、所有を表現するには be に相当する存在動詞 *honaa* を用いる*2。

（ⅱ）所有者 X は所有物 Y の属性あるいは Y との関係によって、所格、属格、与格のいずれかをとる（格は後置詞や代名詞の格変化で表される）。

（a）Y が本来的に自分に属していない具体物、すなわち分離可能所有物の場合（例：本、お金、車）、X は所格をとり、X *ke paas* Y *honaa*「X の近くに Y がある」という構文で所有を表す。

（b）Y が親族や身体部分など、X と密接不可分なもの、すなわち分離不可能所有物の場合、X は属格をとり、X

41

kaa Y *honaa*「X の Y がある」という構文で所有を表す。

（c）Y が抽象物の場合（例：時間、権利、熱）、X は与格をとり、X *ko* Y *honaa*「X に Y がある」という構文で所有を表す。

　ヒンディー語には少なくとも上記（a）–（c）の 3 つの所有構文が認められ、それぞれ、Heine（1997a）の Location Schema（Y is located at X）、Genitive Schema（X's Y exists）、Goal Schema（Y exists for/to X）に該当する。本節では上記の構文に加え、先行研究であまり言及されていない構文と先行研究に記述のない構文を取り上げ、類型論的観点からヒンディー語の所有構文を考察する。

　以下、各所有構文について具体的な用例を挙げながら、その特徴と文法現象を見ていく。

2.　典型的な所有構文 X *ke paas* Y *honaa*

　Heine（1997a）の付録（A world-wide survey of 'have'-constructions）には Heine が調査した 100 言語とその X → Y 構文の起点となるスキーマ（主要スキーマのみ）が挙げられており、ヒンディー語の起点スキーマは Location Schema となっている。また、Stassen（2005, 2009）でもヒンディー語は Locational Possessive に分類されている。これらが指しているのは（1）の場所存在文 *3 による所有構文のことである。

（1）X *ke paas* Y *honaa*（Location Schema）

　　「X の近くに Y がある ＞ X は Y を持っている」

（1）は人がモノを所有あるいは現に持っている（携帯所持している）ことを表すヒンディー語の典型的な所有構文である。*ke paas* は、属格を表す後置詞 *kaa* と男性名詞 *paas* *4「近く；そば」を組み合わせた複合後置詞「〜の近く／そばに」である。*paas* の後ろには本来、後置詞 *mẽ*「〜（の中）に／で」があるが、慣用的に省略されている。そのため、*kaa* は斜格形（後置詞を伴った時にとる形）の *ke* に変わり、*ke paas* となる（*paas* は斜格形も同形 *5）。*honaa* は「存在する；ある；いる」を意味する動詞である *6。こ

の構文では所有物 Y は主格で現れる。以下、具体例を示す。

(2) mohan＝ke　　　paas　　gaaRii　　hai.
　　モーハン.M＝GEN　　近くに　　車.F.SG　　ある.PRS.3SG

「モーハンは車を持っている（直訳：モーハンの近くに車が
ある）」　　　　　　　　　　　　　　　　　　　（Bhatt 2007: 116）

(3) pitaa　　jii＝ke　　　paas　　bahut-sii　　kitaabē
　　父.M　　HON＝GEN　　近くに　　多くの-EMPH　　本.F.PL

hāī.
ある.PRS.3PL

「父はたくさんの本を持っている」　　　　　（田中・町田 1986: 45）

(4) mere　　bhaaii＝ke　　paas　　ek　choTaa　　reDiyo
　　1SG.GEN　　兄弟＝GEN　　近くに　　一　小さい　　ラジオ.M.SG

th-aa.
ある.PST-M.SG

「私の兄／弟は 1 台の小さいラジオを持っていた」

（Bhatt 2007: 117）

　所有者 X が 1 人称／2 人称代名詞（敬称 aap を除く）の場合、X
ke が 1 語化した代名詞属格（詳細は本章3.1節の表3参照） ＋
paas が使われる（(5) – (6)）。

(5) mere　　paas　ek　acchaa　shabdkosh　hai.
　　1SG.GEN　　近くに　一　良い　　辞書.M.SG　　ある.PRS.3SG

「私は 1 冊の良い辞書を持っている」　　　（Verma 1997: 116）

(6) agar　tumhaare　paas　ikkaa　　　hai,
　　もし　2PL.GEN　　近くに　エース.M.SG　ある.PRS.3SG

to　　tum　mujh＝se　khel＝mē　jiit　sak-te
CONJ　2PL　1SG＝に　ゲーム＝LOC　勝つ　できる-IMPF.M.PL

ho.
AUX.PRS.2PL

「[トランプ遊び] もし、あんたがエースを持っていれば、
私に勝てるわ」　　　　　　　　　　　　　　　　　（CFILT0098）

2.1 X *ke paas* Y *honaa* の統語的側面

本節では所有構文 X *ke paas* Y *honaa* における一致や語順などの統語的側面について述べる。

2.1.1 一致

ヒンディー語には一致があり、動詞は無標（主格）の名詞／代名詞に一致する。X *ke paas* Y *honaa* において、所有者Xは複合後置詞 *ke paas* を伴っており、主格ではない。したがって、存在動詞 *honaa* は所有者Xではなく、所有物Y（主格）に一致する（現在時制では人称・数に一致し、過去時制では性・数に一致する）。上例（2）の *hai*「ある.PRS.3SG」は *gaaRii*「車.F.SG」の人称・数に、（3）の *hãĩ*「ある.PRS.3PL」は *kitaabẽ*「本.F.PL」の人称・数に、（4）の *th-aa*「ある.PST-M.SG」は *reDiyo*「ラジオ.M.SG」の性・数にそれぞれ一致している。

2.1.2 語順

無標の語順では所有者Xが所有物Yに先行するが（X *ke paas* Y *honaa*）、所有物Yが主題化されているような場合は所有物Yが所有者Xに先行する（（7）：Y X *ke paas honaa*）。また、会話ではX *ke paas* とY *honaa* が倒置された例も見られる（（8）：Y *honaa* X *ke paas*）。

（7） saare　　　ghar＝kii　　caabiyãã　tere　　　paas
　　　すべての　家.M.SG＝GEN.F　鍵.F.PL　　2SG.GEN　近くに

　　　hãĩ.
　　　ある.PRS.3PL

　　　「家中の鍵はお前が持っている」　　　　　　　（CFILT0552）

（8） bahut　paise　　hãĩ　　　　beTe,　　　　mere
　　　多くの　お金.M.PL　ある.PRS.3PL　息子.VOC.M.SG　1SG.GEN

　　　paas.
　　　近くに

　　　「息子よ、たくさん金を持ってるんだ、俺は」　（CFILT0545）

2.1.3 疑問

ヒンディー語は文末イントネーション（上昇）だけで疑問を表すことも可能であるが、疑問を明示的に表すには文頭あるいは文末に疑問標識 *kyaa* を置く（(9) は文頭の例）。

(9) **kyaa** aap = ke   paas   caabii   hai?
   Q   2PL.HON = GEN 近くに 鍵.F.SG ある.PRS.3SG

    「あなたは鍵を持っていますか」   （Kumar 1997: 37）

下は疑問詞疑問文の例である。(10) の *kyaa*「何」は (9) の *kyaa* と同形であるが、意味機能が異なる。(12) のような新聞記事の見出しでは *honaa* はしばしば省略される。

(10) kamlaa = ke   paas   **kyaa**   hai?
    カムラー.F = GEN 近くに 何 ある.PRS.3SG

    「カムラーは何を持っていますか」   （Kumar 1997: 37）

(11) aap = ke   paas   **kitnii**   pustakē   hãĩ?
    2PL.HON = GEN 近くに いくつの.F 本.F.PL ある.PRS.3PL

    「あなたは本を何冊持っていますか」 （McGregor 1995: 55）

(12) **kis** = ke   paas   **kitne**   voT.
    誰 = GEN 近くに いくつの.M.PL 票.M.PL

    「[大統領選挙の記事の見出し] 誰が何票持っているか」

    (http://aajtak.intoday.in/story/President-poll-votes-that-will-decide-the-

                 future-1-700114.html)

2.1.4 否定

「持っていない」ことを表す場合、否定辞 *nahīī* を *honaa* の直前に置く（(13)）。否定文では *honaa* が省略されることがある（(14) および後出の (20) – (21)、(59)）。仮定法など非定形動詞の否定では別の否定辞 *na* が使われる（(15)）*7。

(13) us = ke   paas   paisaa   **nahīī**   hai.
    3SG = GEN 近くに お金.M.SG NEG ある.PRS.3SG

    「彼はお金を持っていない」   （McGregor 1995: 55）

(14) jis = ke   paas   rupayaa-paisaa   **nahīī**,   vah
    REL.SG = GEN 近くに お金.M.SG NEG COR.SG

duusre = kii　　madad　　kaise　　　　kar　sak-taa
他人 = GEN.F　　援助 .F.SG　　どのように　　する　　できる -IMPF.M.SG

hai?＊8
AUX.PRS.3SG

「［諺］金を持っていない人がどうやって他人を援助できるのか（＝無い袖は振れぬ）」　　　　　　　　　　　　　　（JHD592b）

(15) tumhaare　paas　　rupaye　　**na**　　hõ　　　　to
2PL.GEN　　近くに　　お金 .M.PL　　NEG　　ある .SBJV.3PL　　CONJ

mãĩ　　　de　　　dũũgii.
1SG　　　出す　　あげる .FUT.1.F.SG

「あなたがお金を持っていないようなら私が出してあげるわ」　　　　　　　　　　　　　　　　　　　　　　（CFILT1235）

「～も～も持っていない」という場合は、X *ke paas* **na** Y *honaa* **na** Z (*honaa*) のように否定辞 *na* をそれぞれの名詞の前に置く。*honaa* は一番近い名詞（直前の名詞）に一致する（例えば（16）の *th-aa*「ある .PST-M.SG」は *chaataa*「傘 .M.SG」に一致している）。

(16) mere　　　paas　　**na**　　chaataa　　th-aa　　　　　　**na**
1SG.GEN　　近くに　　NEG　　傘 .M.SG　　ある .PST-M.SG　　NEG

barsaatii.
雨ガッパ .F.SG

「［急に雨が降り始めたが］私は傘も雨ガッパも持っていなかった」　　　　　　　　　　　　　　　　　　　　（Kumar 1997: 322）

(17) un = ke　　paas　　**na**　　roTii　　th-ii,　　　　**na**
3PL = GEN　　近くに　　NEG　　パン .F.SG　　ある .PST-F.SG　　NEG

makaan　　th-e　　　　　aur　　**na**　　tan　Dhak-ne
家 .M.PL　　ある .PST-M.PL　　AND　　NEG　　体　覆う -INF.OBL

= ke lie　　kapRaa.
= ための　　衣服 .M.SG

「彼らはパンも家もなく、体を覆う衣服も持っていなかった」　　　　　　　　　　　　　　　　　（S. R. Harnot, *Robo*）

1つ目の *na* は次例のように X *ke paas* の前に置かれることもある。

46

（18）lekin　　**na**　　kisii＝ke　　paas　　talvaar　　th-ii,
　　　　しかし　NEG　INDEF＝GEN　近くに　刀.F.SG　　ある.PST-F.SG

　　　　na　　　banduuq.
　　　　NEG　　銃.F.SG

　　　「しかし、誰ひとり刀も銃も持っていなかった」

　　　　　　　　　　　　　　　　　　　　　　　（Premchand, *Vijay*）

（19）lekin　　**na**　　us＝ke　　paas　　daftar　　hai,
　　　　しかし　NEG　3SG＝GEN　近くに　事務所.M.SG　ある.PRS.3SG

　　　　na　　sTaaf　　　　hai　　　　aur　　**na**＝hii
　　　　NEG　　スタッフ.M.SG　ある.PRS.3SG　AND　NEG＝EXCL FOC

　　　　us＝ke　　　paas　　koii　　kaam　　hai.
　　　　3SG＝GEN　近くに　INDEF　仕事.M.SG　ある.PRS.3SG

　　　「しかし、彼は事務所もスタッフも持っていないばかりか、
　　　何の仕事も持っていない」　　　　　　　　　　　（CFILT229）

2.1.5　再帰代名詞の先行詞

　ヒンディー語には再帰代名詞の属格形 *apnaa*[9]「自分の」があり、所有構文 X *ke paas* Y *honaa* では所有者 X が *apnaa* の先行詞になる（（20）－（21））。

（20）raahul gaandhii＝ke　　paas　　**apnii**　　kaar　　nahĩĩ!
　　　　R.ガーンディー.M＝GEN　近くに　REFL.GEN.F　車.F.SG　NEG

　　　「［新聞記事の見出し］ラーフル・ガーンディー[10]は自分
　　　の車を持っていない」

　　　　　　　　　　（http://www.deshbandhu.co.in/newsdetail/3895/1/20）

（21）tumhaare　　paas　　**apne**　　　　kapRe
　　　　2PL.GEN　　近くに　REFL.GEN.M.PL　服.M.PL

　　　　banvaa-ne＝ko＝bhii　　　　　　paise　　nahĩĩ?
　　　　作らせる-INF.OBL＝DAT＝INCL FOC　お金.M.PL　NEG

　　　「［君は稼ぎがいいのに］自分の服を仕立てる金もないのか」

　　　　　　　　　　　　　　　　　　　　　（Premchand, *Godan*）

　以上のように、所有構文 X *ke paas* Y *honaa* では所有者 X は動詞の一致をコントロールしないが、再帰代名詞の先行詞になる。

　　　　　　　　　第 4 章　存在動詞 *honaa* を用いた所有構文　　**47**

2.2 X *ke paas* Y *honaa* の文法化

本節では X *ke paas* Y *honaa* が Location Schema から派生した所有構文であることを述べる。はじめに述べたように *ke paas* は「〜の近く／そばに」を意味する複合後置詞である。次例は *ke paas* の（所有以外の）基本的な用法である。

(22) ek　　laRkaa　　　peR＝ke　　paas　　khaRaa
　　　一　　男の子.M.SG　木.M.SG＝GEN　近くに　立っている

　　　th-aa.
　　　COP.PST-M.SG

　　　「男の子が木のそばに立っていた」　　　　　　（Bahri 1997: 390b）

(23) aa-ie　　　　　mere　　　paas　　　baiTh-ie.
　　　来る -IMP.POL　　1SG.GEN　近くに　　座る -IMP.POL

　　　「私のそばに来て座ってください」　　　　　　（Kumar 1995: 14）

X *ke paas* Y *honaa* は「X の近くに Y がある」という意味であり、次例のように X が無生物の場合は文字通りの意味（文法化の起点の意味）で使われる。

(24) mere　　　ghar＝ke　　paas　　hoTal　　　hai.
　　　1SG.GEN　家.M.SG＝GEN　近くに　ホテル.M.SG　ある.PRS.3SG

　　　「私の家の近くにホテルがある」　　　　　　（田中・町田 1986: 45）

しかし、これまでに挙げた例からわかるように X が有生物（人間）の場合、X *ke paas* Y *honaa* は所有を意味する。次例は X *ke paas* Y *honaa* が所有構文として文法化していることを示す例である。

(25) mere　　　paas　　bãĩk＝mẽ　bahut　kam　　pũũjii
　　　1SG.GEN　近くに　銀行＝LOC　とても　少ない　貯金.F.SG

　　　jamaa　　hai.
　　　財.F.SG　ある.PRS.3SG

　　　「私は銀行にほんのわずかしか貯蓄がない」　　（HJD0838a）

(26) is　　aadmii＝ke　　paas　　gããv＝mẽ　thoRii-sii
　　　この　男.M.SG＝GEN　近くに　村＝LOC　少しの -EMPH

　　　zamiin　　hai.
　　　土地.F.SG　ある.PRS.3SG

「この男は村に少しばかりの土地を持っている」

（Asgar Vazahat, *Kek*）

(27) hasan   saahab = ke   paas   shahar = mẽ   koii   apnaa
　　 ハサン   HON = GEN　　近くに　都市 = LOC　　INDEF　REFL.GEN

　　 makaan   yaa   flaiT　　　　　 nahĩĩ   hai.
　　 家 .M.SG　または　マンション .M.SG　NEG　　ある .PRS.3SG

「ハサン氏は都市［デリー］に自分の家やマンションを持っ
ていない」　　　　　　　（Asgar Vazahat, *Garjat barsat*）

　上例では X *ke paas*（（25）では *mere paas*）のほかにもう 1 つ、
場所の副詞句（（25）：*bãĩk = mẽ*「銀行に」、（26）：*gããʋ = mẽ*「村
に」、（27）：*shahar = mẽ*「都市に」）が現れている。これらの例か
らわかるように、X *ke paas* Y *honaa* は所有物 Y が文字通り所有者
X の「近くに」なくても使うことができる。換言すれば、X *ke
paas* Y *honaa* は X が人間あるいは人間からなる組織・団体の場合、
ke paas の具体的な意味が希薄化 *11 し、全体として文法化した所
有構文になっている。

　X *ke paas* Y *honaa* の文法化は他言語の例からも裏付けられる。
以下に示すようにヒンディー語と系統が同じ言語（（28）－（29））
だけでなく、系統が異なる言語（（30）－（33））でも「近接」の表
現が所有構文になっている。

(28) Bengali (Indic, Indo-European; 町田・丹羽 2004: 100)

　　 āmār   mā-r   **kāche**   ɔnek   ʃāṛī   chi-lo.
　　 1SG.GEN　母 -GEN　近くに　多くの　サリー　ある .PST-3

「私の母はたくさんのサリーを持っていた」

(29) Punjabi (Indic, Indo-European; Bhatia 1993: 146)

　　 ó   de   **kol**   kataabãã   ne.
　　 3SG　GEN.M.SG.OBL　near　book.PL　be.PRS.3PL

'He has books.'

(30) Bodo (Tibeto-Burman; Subbārāo 2012: 139)

　　 khampha-   **nao**   lɯmja-   nai   dɔŋ-   ɔ
　　 Khampha-　gen.loc (near)　sick (verb)-　inf　be-　pres

'Khampha has fever.'

第 4 章　存在動詞 *honaa* を用いた所有構文　　**49**

(31) Telugu (Dravidian, Elamo-Dravidian; Subbārāo 2012: 139)

prastutam pratāp **daggara** ḍabbulu lē- vu
at.present Pratap near money.3p,nm be.not- 3p,nm

'Pratap does not have any money at present.'

(32) Malayalam (Dravidian, Elamo-Dravidian; Asher and Ku-
mari 1997: 175)

ayaaḷuṭe **aṭuttə** nalla saarikaḷ unṭə.
he-GEN near good sari-PL be-PRES

'He has good saris with him.'

(33) Fijian (Oceanic, Austronesian; Mosel 1983: 16)

e sega tu **vei** au na ilavo.
predicative particle not stand near me ART money

'I don't have any money.'

以上のことから X *ke paas* Y *honaa* は場所存在文を起点とした所有構文（Location Schema）と言うことができる。

2.3 X *ke paas* Y *honaa* が表す所有概念

2.3.1 先行研究

先行研究において X *ke paas* Y *honaa* は、「有形の移動可能物の所有」（Hook 1979: 79）、「持ち合わせているという意味での普通の所持品の所有」（McGregor 1995: 55）、「所有権が必ずしも永続的ではない無生物の所有」（Kumar 1997: 37）に使われると記述されている。高橋（2003）は、

> 所有する側が所格を取る場合――人が本来的に自分に属していないもの、また持ち運びの可能なもの、などを一時的に所有する場合である。要するに、普通に人がものを所有、あるいは所持している、という時にこの表現を用いる。所有されるものはたとえば金であり、自動車であり、時間でもある。人間であっても使用人などはものと同じ扱いをされることになる。

（高橋 2003: 52）

と X *ke paas* Y *honaa* が表す所有の特徴を簡潔にまとめている。しかし、「時間」と「使用人」についてはやや唐突であり、説明が必

要である。以下では X *ke paas* Y *honaa* が使われるさまざまな所有の例を挙げ、Heine（1997a）の提案した所有概念に照らして考察する。

2.3.2　所有権と所有期間

　先行研究では、所有物を持ち合わせている、あるいは一時的に所有している場合に X *ke paas* Y *honaa* が使われることが強調されているように思われる。以下では X *ke paas* Y *honaa* の用例をさらに挙げ、所有権と所有期間に関して考察する。

　まず、上例（6）、（16）および次例（34）–（35）はある時点における所有の例である。

(34) kyaa　kisii = ke　　paas　　maacis　　hai?
　　　Q　　　INDEF = GEN　近くに　マッチ.M.SG　ある.PRS.3SG

　　　「誰かマッチを持っていますか」　　　　　　　　（Hook 1979: 79）

(35) mohansin = ke　　　　paas　　ek,　do,　tiin,　aaTh,
　　　モーハンシン.M = GEN　近くに　一　　二　　三　　8

　　　nau,　pandrah　paise　　hãĩ.
　　　9　　　15　　　　パイサ.M.PL　ある.PRS.3PL

　　　「［子どもがお金を数えている場面］モーハンシンは 1、2、
　　　3…8、9…15 パイサ持っている」　　　　　（Premchand, *Idgah*）

所有物はお金のような財産、雨具やマッチのような日用品もあれば、トランプ遊びのカードのように（その場限りの所有で）所有権を主張できないものもある。

　次例は所有権のない一時的所有の例である。

(36) us = ke　　paas　　qalam　　hai　　　lekin
　　　3SG = GEN　近くに　ペン.M.SG　ある.PRS.3SG　しかし

　　　us = kaa　　　nahĩĩ　hai.
　　　3SG = GEN.M.SG　NEG　　COP.PRS.3SG

　　　「彼はペンを持っているが、彼のではない」（Bendix 1966: 100）

(37) aajkal　miinaa = ke　　　paas　　apne　　　bhaaii = kii
　　　最近　　ミーナー.F = GEN　近くに　REFL.GEN　兄弟 = GEN.F

第 4 章　存在動詞 *honaa* を用いた所有構文　**51**

kaar　　　hai.
車.F.SG　　　ある.PRS.3SG

「最近、ミーナーは兄弟の車を持っている」(Kachru 2006: 170)

そして、次例は所有物が財産で所有権のある所有の例である。

（38）seTh = ke　　paas　　karoRõ = kii　　sampatti
　　　豪商 = GEN　　近くに　　幾千万 = GEN.F　　財産 ; 富.F.SG

th-ii　　　　phir = bhii　　us = kii　　　laalsaa　　nahĩĩ
ある.PST-F.SG　　それでも　　3SG = GEN.F　　欲.F.SG　　NEG

miT-ii　　　　　th-ii.
消える-PFV.F.SG　　AUX.PST-F.SG

「豪商は巨万の富を持っていたのに欲は消えてはいなかっ
た」　　　　　　　　　　　　　　　　　　　　（HJD1190b）

（39）ramaN = ke　　paas　　do　　kaarẽ　　hãĩ,
　　　ラマン.M = GEN　　近くに　　二　　車.F.PL　　ある.PRS.3PL

jis = mẽ　　54 laakh = kii　　marsiDiiz　　kaar = bhii
REL = LOC　　540万 = GEN.F　　メルセデス　　車.F.SG = INCL FOC

shaamil hai.
含まれる.PRS.3SG

「ラマンは車を2台持っており、その中に540万［ルピー］
のメルセデス車も含まれている」

(http://www.bhaskar.com/article/PUN-OTH-1737656-2739352.html)

以上の例から、X *ke paas* Y *honaa* は具体物の所有に関して、所
有権の有無や所有期間の長短、現に持っているか否かに関係なく使
用できることがわかる。Heine（1997a）の所有概念で言えば、物
理的所有（PHYS）、一時的所有（TEMP）、永続的所有（PERM）を表
す*12。

2.3.3　移動不可能なものの所有

土地や建物はいわゆる不動産であり、「移動可能物」（Hook
1979: 79）や「普通の所持品」（McGregor 1995: 55）ではない。
先行研究では土地や建物は分離不可能所有物として扱われることが
多いが（本章3.2.6節参照）、実際には X *ke paas* Y *honaa* もよく使

われる。

(40) us＝ke　　paas　　do　　biighaa　　zamiin　　th-ii.
　　　3SG＝GEN　近くに　二　　ビーガー　　土地.F.SG　ある.PST-F.SG

　　　「彼は2ビーガー（約5000m²）の土地を持っていた」

（HJD0819b）

(41) un＝ke　　paas　　apnii　　　zamiin　　nahĩĩ
　　　3PL＝GEN　近くに　REFL.GEN.F　土地.F.SG　NEG

　　　hai,　　　apne　　　　ghar　　nahĩĩ　hã̄ĩ.
　　　ある.PRS.3SG　REFL.GEN.M.PL　家.M.PL　NEG　　ある.PRS.3PL

　　　「彼らは自分の土地を持っておらず、自分の家を持っていな
　　　い」　　　　　　　　　　　　　　　　　　（CFILT0249）

(42) bacce　　　baRe ho　　gae　　　　th-e.
　　　子ども.M.PL　大きくなる　行く.PFV.M.PL　AUX.PST-M.PL

　　　donõ＝ke　　　paas　　apne　　　　svatantr
　　　2人とも＝GEN　近くに　REFL.GEN.M.PL　別個の

　　　kamre　　th-e.
　　　部屋.M.PL　ある.PST-M.PL

　　　「子どもたちは大きくなっていた。2人とも自分の別々の部
　　　屋を持っていた」　　（Malti Joshi, *Vo tera ghar, ye mera ghar*）

　ある所有物について複数の所有構文が競合する場合の意味の違い
については本章3.3節で述べる。

2.3.4　有生物の所有

　これまで挙げた例は所有物が無生物であった。しかし、用例を見
ると所有物が有生物の場合もある。以下は所有物が動物の例である。

(43) sumnaa＝ke　　paas　　ek　　kinnaurii　　kaalaa
　　　スムナー.F＝GEN　近くに　一　　キンノールの　黒い

　　　kuttaa　　th-aa.
　　　犬.M.SG　ある.PST-M.SG

　　　「スムナーは1匹のキンノール［ヒマーチャル・プラデーシ
　　　ュ州北部］産の黒い犬を持っていた（飼っていた）」

（S. R. Harnot, *Chashmdid*）

（44）aap = ke　　paas　　kitnii　　gaay　　hãĩ?
　　　2PL.HON = GEN　近くに　いくつの　雌牛.F.SG　ある.PRS.3PL

　　「あなたは雌牛を何頭持っていますか」

（http://indiankanoon.org/doc/649066/）

（45）us = ke　　paas　　1200　　haathii = bhii　　th-e.
　　　3SG = GEN　近くに　1200　　象.M.PL = INCL FOC　ある.PST-M.PL

　　　「彼［シェール・シャー＊**13**］は1200頭の象も持っていた」

（http://hi.bharatdiscovery.org/india/）

次に所有物（所有される側）が人間の場合について見る。まず、親族に X *ke paas* Y *honaa* を使用することはできない。

（46）*us = ke　　paas　　ek　　beTaa/beTii/bhaaii
　　　3SG = GEN　近くに　一　息子.M.SG/娘.F.SG/兄弟.M.SG

　　hai.
　　ある.PRS.3SG

　　「彼には息子／娘／兄弟が1人いる」　　（Verma 1997: 116）

インフォーマントの判断も同様であった。ただし、所有の意味ではなく文字通り「近くにいる／いない」という意味であれば、親族に X *ke paas* Y *honaa* を使用できる。例えば、息子が全寮制の学校に行っている母親は次のように言うことができる。

（47）mere　　paas　　beTaa　　nahĩĩ　　hai.
　　　1SG.GEN　近くに　息子.M.SG　NEG　ある.PRS.3SG

　　「息子がそばにいない」　　　　　　　　　　　　　　（作例）

一方、使用人には X *ke paas* Y *honaa* を使用できる。

（48）khannaa = ke　　paas　　Draaivar　　hai.
　　　カンナー.F = GEN　近くに　運転手.M.SG　ある.PRS.3SG

　　「カンナーには運転手がいる」　（Snell and Weightman 2003: 101）

（49）shrii　　sharmaa = ke　　paas　　mahrii,　　aayaa
　　　HON　シャルマー = GEN　近くに　使用人.F.SG　子守.F.SG

　　aur　　maalii　　th-e.
　　AND　庭師.M　ある.PST-M.PL

　　「シャルマー氏には使用人［女性］、子守、庭師がいた」

（Hook 1979: 79）

所有物が人間の場合について、Kachru（1980: 122）は "low-level employees" に対して使われると述べ、Sinha（1986: 133）も "-status" の属性を持つ所有物に対して使われるとしている。しかし、次例のように身分が低いとは言えない例も見られる。

（50）yadi　　aap = ke　　　paas　　koii　　sekreTarii
　　　もし　　2PL.HON = GEN　近くに　INDEF　秘書 .M

　　　hãĩ,　　　　　to…
　　　ある .PRS.3PL　　CONJ

　　　「もし、あなたに誰か秘書がいれば…」　　　　　（CFILT0849）

（51）kisii　　baadshaah = ke　　paas　　ek　　paropkaarii
　　　INDEF　皇帝 .M.SG = GEN　　近くに　一　　心優しい

　　　mantrii　　th-aa.
　　　大臣 .M.SG　ある .PST-M.SG

　　　「ある皇帝に 1 人の心優しい大臣がいた」

（Premchand, *Sheikh Saadi*）

これまでに挙げた X *ke paas* Y *honaa* の用例を考え合わせると、所有物が人間の例は身分の上下で説明するのではなく、分離可能性（alienability）で説明するのが適切であると思われる。親族が社会的・心理的に切っても切れない分離不可能な関係であるのに対し、主人と使用人の関係は一時的で交替も可能な雇用関係（分離可能）であるからである。

なお、X *ke paas* Y *honaa* は親族に使用できないことに加え、身体部分にも使用できない（インフォーマントの判断も同様）。

（52）*raam = ke　　　paas　　do　　kaan　　hãĩ.
　　　ラーム .M = GEN　近くに　二　　耳 .M.PL　ある .PRS.3PL

　　　「ラームには耳が 2 つある」　　　（Agnihotri 2007: 191）

2.3.5　抽象物の所有

本章 2.3.1 節で X *ke paas* Y *honaa* が「時間」の所有にも使われることについて少し触れた。先行研究では高橋（2003: 52）以外にMcGregor（1995: 55）、鈴木（1996: 43–44）、Snell and Weightman（2003: 101）、Montaut（2004: 205）などに言及がある。

第 4 章　存在動詞 *honaa* を用いた所有構文　　**55**

時間（*samay/vaqt/fursat*＊14）は抽象的な所有物で抽象物所有の構文（本章4節）の使用が期待されるが、実際にはX *ke paas* Y *honaa* もよく使われる（(53)–(55)）。鈴木（1996: 43–44）は口語的にはX *ke paas* Y *honaa* で表されることもあると述べている。

(53) mere　　　paas　　　vaqt　　　　nahĩĩ　　hai.
　　　1SG.GEN　近くに　　時間.M.SG　　NEG　　ある.PRS.3SG

　　　「私には時間がない」　　　　　　　　　　　　（McGregor 1995: 55）

(54) nayii　　　naukrii＝mẽ　　jvaain kar-ne＝se　　puurv
　　　新しい　　仕事.F.SG＝LOC　就く-INF.OBL＝ABL　前に

　　　us＝ke　　　paas　　tiin　　saptaah＝kaa　　　samay
　　　3SG＝GEN　　近くに　三　　週間＝GEN.M.SG　　時間.M.SG

　　　ho-gaa.
　　　ある-FUT.3.M.SG

　　　「新しい仕事に就く前に彼には3週間の時間があるだろう」

　　　　　　　　　　　　　　　　　　　　（Mamta Kaliya, *Daur*）

(55) is　　　baat＝kii　　jããc　　　kar-ne＝ke　　　lie
　　　この　　こと＝GEN.F　調査.F.SG　する-INF.OBL＝GEN　ために

　　　mere　　　paas　　na　　samay　　th-aa　　　　na
　　　1SG.GEN　近くに　NEG　時間.M.SG　ある.PST-M.SG　NEG

　　　saahas.
　　　気力.M.SG

　　　「私にはこのことを調査する時間も気力もなかった」

　　　　　　　　　　　　　　　　　　　　　　　　（CFILT1232）

「時間」はこれまでに挙げた「モノ」と違って形がなく目に見えないが、時計を介して認識し、数えることができる。また、私たちの日常生活では時間の有無を述べる機会は多く、ヒンディー語でも *samay khonaa*「時間を失う／無駄にする」、*samay bacaanaa*「時間を節約する」、*samay vyay karnaa*「時間を費やす」のように時間はモノと同じように扱われる。したがって、X *ke paas* Y *honaa* が具体物の所有から時間のような抽象的な概念の所有に使われるようになったのは比喩的拡張（cf. Lakoff 1987）によるものと考えられる。

56

用例では時間のほかにも以下のような抽象物の所有の例が見られる。X *ke paas* Y *honaa* が時間以外の抽象物にも拡張して使われることは Montaut（2004: 205–206）を除いて先行研究にほとんど記述がない。

(56) mere　　paas　　ek　　savaal　　hai.
　　1SG.GEN　近くに　一　　質問.M.SG　ある.PRS.3SG

　　「（私は）１つ質問があります」　　　　　　(Hook 1979: 82)

(57) saariputra＝ke　　paas　　koii　　javaab　　nahĩĩ
　　サーリプトラ.M＝GEN　近くに　INDEF　返答.M.SG　NEG

　　th-aa.
　　ある.PST-M.SG

　　「サーリプトラは返す言葉が何もなかった」　　(HJD0266a)

(58) ciin＝ke　　paas　　surakShaa pariShad＝mẽ
　　中国＝GEN　近くに　国連安全保障理事会＝LOC

　　viiTo adhikaar　　hai.
　　拒否権.M.SG　　　ある.PRS.3SG

　　「中国は国連安全保障理事会において拒否権を持っている」

　　　　　　　　　　　　　　　　　　　　　　　(BBC060126)

(59) ve＝bhii　　ek　insaan　hãĩ.　　un＝ke　　paas
　　3PL＝INCL FOC　一　人間　COP.PRS.3PL　3PL＝GEN　近くに

　　xudaa＝kii　　shakti　　nahĩĩ.＊15
　　神＝GEN.F　　力.F.SG　　NEG

　　「あの方も１人の人間です。神の力をお持ちではありません」

　　　　　　　　　　　　　　　　　　　　　　　(BBC051216)

(60) mere　　paas　　ghar　bec-ne＝ke alaavaa　duusraa
　　1SG.GEN　近くに　家.M　売る-INF.OBL＝以外に　ほかの

　　koii　　caaraa　　nahĩĩ　hai.
　　INDEF　方法.M.SG　NEG　　ある.PRS.3SG

　　「私は家を売る以外にほかの方法が何もない」

　　　　　　　　　　　　　　　　　　　　　(Harjit Atval, *Ret*)

(61) saaraa din　　surtii　　phããk-ne　　　aur
　　一日中　　タバコの粉　放り込む-INF.OBL　AND

idhar-udhar baiTh-kar vaqt kaaT-ne＝ke alaavaa
あちこちに 座る -CONJP 時間 つぶす -INF.OBL＝以外に

us＝ke paas koii kaam na th-aa.
3SG＝GEN 近くに INDEF 仕事.M.SG NEG ある.PST-M.SG

「1 日中タバコの粉を口に放り込んだり［噛みタバコ］、あち
こちに座って時間をつぶす以外に彼は何もすることがなか
った」　　　　　　　　　　　　　　(Subhash Nirav, *Welfeyar babu*)

　上例のような抽象物の所有では *ke paas*「〜の近く／そばに」の
意味は失われており、X *ke paas* Y *honaa* が文法化した所有構文で
あることを示している。

2.3.6 「欠如」や「不足」の所有

　Heine (1997a: 35) は英語の I have a missing tooth「私は欠損歯
がある」のように命題の意味が所有とは反対の時に抽象物所有
(ABST) が現れると述べている。X *ke paas* Y *honaa* の用例では「欠
損歯」のような例を見つけることはできなかったが、以下のような
「欠如」や「不足」の例が見つかった。

(62) mere paas paise＝kaa abhaav
　　 1SG.GEN 近くに お金.M.PL＝GEN.M.SG 欠如；不足.M.SG

hai.
ある.PRS.3SG

「私はお金がない」　　　　　　　　　　　(Montaut 2004: 206)

(63) amriikii senaa＝ke paas arbii, pashto
　　 アメリカ 軍＝GEN 近くに アラビア パシュトー

aur darii bhaaShaa bol-ne＝vaalõ＝kii
AND ダリー 言語.F.SG 話す-INF.OBL＝人.M.PL＝GEN.F

kamii hai.
不足.F.SG ある.PRS.3SG

「アメリカ軍はアラビア語、パシュトー語、ダリー語を話す
人が不足している」　　　　　　　　　　　　　(BBC060511)

2.4　X *ke paas* Y *honaa* のまとめ

以上、本節ではヒンディー語の典型的な所有構文 X *ke paas* Y *honaa* の統語的側面、所有構文への文法化、構文が表す所有概念について考察した。X *ke paas* Y *honaa* は本来、「X の近くに Y がある」という場所存在文であるが、X が人間（またはその集合体）でY が具体物（典型的には無生物）の場合、当該の構文は所有を表す。

　言語によっては具体物の所有に複数の構文が使い分けられる。例えばトルコ語では物理的所有（PHYS）には Location Schema の構文が使われ、それ以外の所有概念には Genitive Schema の構文が使われる（cf. Lyons 1968: 395, Göksel and Kerslake 2005: 122–124）。

(64) Turkish (Turkic, Altaic; Lyons 1968: 395)

    a.   Ben-de   kitap   var.
         me-LOC   book   existent

        'I have a book (with me/on me).'

    b.   Kitab-ïm   var.
         book-my   existent

        'I have a book.'

また、テルグ語では物理的所有（PHYS）、一時的所有（TEMP）には Location Schema の構文が使われ、永続的所有（PERM）には Goal Schema の構文が使われる（Heine 1997a: 93, cf. Subbarao and Bhaskararao 2004: 172）。

(65) Telugu (Dravidian, Elamo-Dravidian; Subbarao and Bhas-kararao 2004: 172)

    waaDi-**ki**   caalaa   Dabbu   undi   kaanii   prastutam
    he-DAT   a lot of   money   is   but   right now

    waaDi-**daggara**   ceeti-loo   kaaNii   kuuDaa   lee-du.
    he-near   hand-in   penny   even   be.NOT-3SG.NM

    'He has a lot of money but right now he doesn't have even a penny in his hand.'

ヒンディー語の X *ke paas* Y *honaa* はこれまで見てきたように PHYS, TEMP, PERM のいずれも表す。当該の X *ke paas* Y *honaa* がどの所有概念を表しているかは時間の副詞や前後の文脈によって決まる。

なお、ヒンディー語には PHYS を表す別の所有構文があり、これについては本章6節で考察する。

X *ke paas* Y *honaa* は親族や身体部分などの分離不可能所有（INAL）に用いることはできない。また、所有者が無生物の所有（IN/I, IN/A）にも用いることができない（X が無生物の場合、所有構文ではなく場所存在文になる。上例（24）参照）。

X *ke paas* Y *honaa* は本章2.3.3節と2.3.5節で見たように、土地・建物などの移動不可能物、時間をはじめとする抽象物所有（ABST）にも使われており、使用の拡張が見られる。以上の結果は表1にまとめられる（X *ke paas* Y *honaa* は PHYS, TEMP, PERM を表すので'＋'でマーク、一部の ABST を表すので'＋／－'でマーク、それ以外は'－'でマークする）。

表1　ヒンディー語の所有構文とそれが表す所有概念（1）＊16

構文	起点スキーマ	所有概念（所有の種類）						
		PHYS	TEMP	PERM	INAL	ABST	IN/I	IN/A
ke paas–honaa	Location	＋	＋	＋	－	＋／－	－	－

3.　分離不可能所有の構文 X *kaa* Y *honaa*

本節では所有物（所有される側）が親族や身体部分に代表される分離不可能所有（第2章3.1節）の構文を考察する＊17。

本章2.3.4節で述べたように、X *ke paas* Y *honaa*「Xの近くにY がある」は親族や身体部分の所有には使用できない（上例（46）、（52））。代わりに次の構文が使われる。

（66）X *kaa* Y *honaa* 　　　　　　　　　　　　　　（Genitive Schema）

　　「XのYがある ＞ XはYを持っている」

kaa は属格を表す後置詞で、所有者Xは所有物Yの属格修飾句としてコード化される。したがって、Heine（1997a）のイベント・スキーマ（第2章4.3節）では Genitive Schema に該当する＊18。この構文では前節の X *ke paas* Y *honaa* と同じく所有物Yは主格で現れる。以下、具体例を挙げる。

(67) raam＝kaa　　　　ek　　beTaa　　　hai.

ラーム.M＝GEN.M.SG　一　　息子.M.SG　　ある.PRS.3SG

「ラームには1人の息子がいる（直訳：ラームの1人の息子
がある）」　　　　　　　　　　　　　　（Mohanan 1994: 177）

(68) us＝ke　　　　　do　　bhaaii　　　hãĩ.

3SG＝GEN.M.PL　　二　　兄弟.M.PL　　ある.PRS.3PL

「彼には2人の兄弟がいる」　　　　　　　（Bhatt 2007: 26）

(69) us　　kutte＝kii　baRii　lambii　pũũch　　hai.

その　犬＝GEN.F　　とても　長い　　尻尾.F.SG　ある.PRS.3SG

「その犬はとても長い尻尾を持っている」　　（高橋2003: 53）

　Heine（1997a: 67）によれば、多くの言語でGenitive Schemaは
分離不可能所有を表す主要な手段になり、一方、分離可能所有はほ
かのスキーマで表される。その例としてHeine（1997a: 67–68）は
イク語（(70)）、アニュワ語（Anywa）、ヒンディー語（(71)）、ク
ペレ語（Kpelle）を挙げている。筆者の知るところでは、ほかにパ
シュトー語（Pashto）、ヴァイ語（Vai）にこのような使い分けがあ
る。

(70) Ik（Kuliak, Nilo-Saharan; Heine 1983: 157, quoted by
　　　Heine 1997a: 67）

　　a.　iá　　　hoa　　nci-kᵉ.

　　　　be.at:3SG　house　1SG-DAT

　　　'I have a house (not necessarily my own).'

　　b.　iá　　　hoa　　nci-i.

　　　　be.at:3SG　house　1SG-GEN

　　　'I have a house (inalienable).' (Lit.: 'My house exists.')

(71) Hindi（Indic, Indo-European; Freeze 1992: 591）

　　a.　laRke-ke　　paas　　　kuttaa　　hai.

　　　　boy.OBL-GEN　proximity　dog　　　COP.3sg.PRES

　　　'The boy has a dog.' (Lit.: 'By the boy is a dog.')

　　b.　mere　　do　　bhaaii　　hãĩ.

　　　　my.plu　two　　brother　COP.3plu

　　　'I have two brothers.' (Lit.: 'My two brothers are.')

c. bacce-ke   dããt   safed   hãĩ.
   child.OBL-GEN.plu   teeth   white   COP.3plu

   'The child has white teeth.' (Lit.: 'The child's white
   teeth are.' *19)

　上例（71）でFreeze（1992）は（71a）を分離可能所有、（71b–
c）を分離不可能所有の例として挙げている（FreezeはBender
（1967: 175）を参照している）。しかし、（71c）の解釈には問題が
ある。（71c）は属格後置詞を含んでいるが、形容詞のsafed「白
い」はdããt「歯」の後ろにあるため、「［その］子どもの歯は白い」
という形容詞文になる。また、この文では文末のhãĩ（< honaa）
が存在動詞ではなく、コピュラ動詞として機能している（（69）の
語順、グロスと比較されたい。Freezeは（71a–b）のhonaaのグロ
スもCOPにしているが、beあるいはexistとするのが正しい）。

　インフォーマントによると、身体部分について言う時、口語では
（72a）より（72b）のように表現するほうが自然であるとのことで
ある（本章3.2.4節で（72a）のタイプの例を挙げるが、いずれも
文字資料の用例である）。

（72）a. aap = kii   sundar   ããkhẽ   hãĩ.   （所有構文）
        2PL.HON = GEN.F   きれいな   目.F.PL   ある.PRS.3PL

        「あなたはきれいな目をしている（直訳：あなたのきれ
        いな目がある）」

    b. aap = kii   ããkhẽ   sundar   hãĩ.   （形容詞文）
       2PL.HON = GEN.F   目.F.PL   きれいな   COP.PRS.3PL

       「あなたの目はきれいだ」

「あなたの目はきれいだ」という文は意味的に「あなたはきれい
な目をしている（持っている）」ことを含意するが、（71c）、（72b）
のような形容詞文はGenitive Schemaの所有構文とは構造が異なる。
したがって、上記の形容詞文は所有の関連表現ではあるが、本書で
は所有表現としては扱わない。

3.1　属格後置詞kaaと一致の方式

X kaa Y honaaではX ke paas Y honaaの場合と同様、存在動詞

honaa は所有物 Y に一致する。また、この構文では属格後置詞 *kaa* が所有物 Y の性・数・格に一致する（属格後置詞が一致を起こさない変種もあるが、それについては本章3.7節で扱う）。上例（67）の *kaa* は *beTaa*「息子 .M.SG」に、（68）の *ke* は *bhaaii*「兄弟 .M.PL」に、（69）の *kii*[20] は *pũũch*「尻尾 .F.SG」に一致している（名詞の格はいずれも主格）。

　属格後置詞 *kaa* はサンスクリット語の動詞 *kŕ-*「なす」の過去受動分詞 *kŕta*「なされた」に由来する（*kŕta* > *kritya* > *kiya* > *kaa*）。この形容詞的な起源のため、*kaa* は被修飾名詞の性・数・格に応じて形容詞と同じ変化（*-aa/-e/-ii*）をする（Montaut 2004: 64–65）。ヒンディー語には7つ前後の後置詞があるが（第3章3節）、その中で *kaa* だけが語形変化する（表2）。

表2　属格後置詞 *kaa* の語形変化

男性				女性			
単数		複数		単数		複数	
主格	斜格	主格	斜格	主格	斜格	主格	斜格
kaa		ke		kii			

　所有者 X が1人称／2人称代名詞（敬称 *aap* を除く）の場合、X *kaa* が1語化した代名詞属格 *-raa* が使われる（表3）。*kaa* と同様、代名詞属格も所有物 Y と一致する（(73)）。

表3　1人称／2人称代名詞属格の語形変化

人称・数	男性				女性			
	単数		複数		単数		複数	
	主格	斜格	主格	斜格	主格	斜格	主格	斜格
1SG	meraa		mere		merii			
1PL	hamaaraa		hamaare		hamaarii			
2SG	teraa		tere		terii			
2PL	tumhaaraa		tumhaare		tumhaarii			

(73) merii　　　ek　　bahan　　hai.
　　 1SG.GEN.F　一　姉妹 .F.SG　ある .PRS.3SG

「私には 1 人の姉妹がいる」　　　　　　　　　　（Bhatt 2007: 26）

　2 つの所有物（Y₁ と Y₂）が等位接続詞 *aur* で結ばれた場合、一
致には 2 種類のパターンが見られる。1 つは、属格後置詞 *kaa*（ま
たは代名詞属格）は Y₁ と一致し、存在動詞 *honaa* は Y₂ と一致する
パターン（分裂型）である（（74）–（75））。用例ではこのパター
ンが多く見られた。

(74) meraa　　　　　ek　　bhaaii　　　aur　　ek　　bahan
　　 1SG.GEN.M.SG　　一　　兄弟 .M.SG　　AND　　一　　姉妹 .F.SG

　　 hai.
　　 ある .PRS.3SG

　　「私には 1 人の兄弟と 1 人の姉妹がいる」　　（Bhatia 2008: 87）

(75) us = ke　　　　　saat　　beTe　　　aur　　ek　　beTii
　　 3SG = GEN.M.PL　　7　　　息子 .M.PL　　AND　　一　　娘 .F.SG

　　 th-ii.
　　 ある .PST-F.SG

　　「彼には 7 人の息子と 1 人の娘がいた」

　　　　　　　　　（http://www.veerpunjab.com/page.php?id = 489）

　上例（74）の *meraa*「私の」は *bhaaii*「兄弟 .M.SG」の性・数に
一致し、*hai*（< *honaa*）は *bahan*「姉妹 .F.SG」の人称・数に一致
している（*honaa* は一番近い名詞に一致する）。（75）についても
同様である。

　もう 1 つのパターンは、属格後置詞 *kaa* と存在動詞 *honaa* が等
位接続詞で結ばれた所有物全体に一致するものである。

(76) miinaa = ke　　　　do　　bhaaii　　　aur　　ek
　　 ミーナー .F = GEN.M.PL　　二　　兄弟 .M.PL　　AND　　一

　　 bahan　　　th-e.
　　 姉妹 .F.SG　　ある .PST-M.PL

　　「ミーナーには 2 人の兄弟と 1 人の姉妹がいた」

　　　　　　　　　（http://www.prabhatkhabar.com/node/226126）

　（76）では属格後置詞 *kaa* と存在動詞 *honaa* は「合計 3 人の兄弟
姉妹」に一致し（男性名詞と女性名詞が混在している場合は男性・
複数扱い）、それぞれ男性・複数形（*ke, th-e*）をとっている。

64

X *kaa* Y *honaa* で兄弟姉妹の人数を言う時、当然のことながら所有者 X 自身は数に含まれない。しかし、所有者の格を属格から主格に変えると当該の文は名詞文になり（*honaa* は存在動詞ではなくコピュラ動詞として機能する）、X も数に含まれる（(77)-(78)）。

(77)vah　　caar　　bhaaii　　　aur　　ek　　bahan　　　hãĩ.
　　3SG　　4　　　兄弟.M.PL　　AND　　一　　姉妹.F.SG　　COP.PRS.3PL

　　「彼は 4 人兄弟・1 人姉妹だ」

　　　　（http://m.newshunt.com/Dainik + Bhaskar/Jalandhar/19727684）

(78)ham　　do　　bhaaii　　　aur　　tiin　　bahnē
　　1PL　　二　　兄弟.M.PL　　AND　　三　　姉妹.F.PL

　　th-e.
　　COP.PST-M.PL

　　「私たちは 2 人兄弟・3 人姉妹だった［が、地震で 2 人の姉妹と私が生き残った］」

　　　　（http://www.bbc.co.uk/hindi/specials/2334_adnan_diary/）

3.2　X *kaa* Y *honaa* の所有物

本節では X *kaa* Y *honaa* が使われる所有物について詳しく見ていく。

3.2.1　親族

用例では上に挙げた兄弟／姉妹、子ども（息子／娘）のほか、配偶者（夫／妻）やその親族の例も見られる。

(79)'mahaabhaarata'=kii　　mukhy　　naayikaa
　　マハーバーラタ=GEN.F　　主要な　　ヒロイン.F.SG

　　draupadii=ke　　　　　　pããc　　pati　　th-e.
　　ドラウパディー.F=GEN.M.PL　　5　　　夫.M.PL　　ある.PST-M.PL

　　「『マハーバーラタ』の主要なヒロインであるドラウパディーには 5 人の夫がいた*21」（Vishwanath, *Birbal ki sujhbujh*: 89）

(80)ek=hii　　　　aurat=ke　　　　tiin-caar　　pati=tak
　　一=EXCL FOC　　女性=GEN.M.PL　　三、4　　　　夫.M.PL=までも

第 4 章　存在動詞 *honaa* を用いた所有構文　　**65**

ho	sak-te		th-e.
ある	できる -IMPF.M.PL		AUX.PST-M.PL

「[ヒマラヤ地方のあるカーストの話] 1人の女性が3、4人もの夫を持つことができた*22」

(http://hindi.in.com/latest-news/money-and-life/Trio-Sis-Makes-

Chouth-With-One-Hubby-1526792.html)

(81)
naresh = ne	jab	1982 = mē	āākhē	mũũd-īī
国王 = ERG	時	1982 = LOC	目 .F.PL	閉じる -PFV.F.PL

tab	un = kii	70	patniyãã	th-īī.
COR	3PL = GEN.F	70	妻 .F.PL	ある .PST-F.PL

「[スワジランドの前の] 国王が1982年に亡くなった時には、彼には70人の妻がいた*23」　　　　　　　　(BBC050530)

(82)
us = kaa	koii	devar	nahīī	th-aa.
3SG = GEN.M.SG	INDEF	夫の弟 .M.SG	NEG	ある .PST-M.SG

「[結婚後1年で寡婦となった女性の話。亡夫の弟と結婚（逆縁婚）しようにも] 彼女には義理の弟*24が1人もいなかった」(http://www.rachanakar.org/2011/11/blog-post_7867.html)

(83)
sumedhaa = kii	ek	rishte = kii
スメーダー .F = GEN.F	一	親戚関係 .M.SG = GEN.F

jiThaanii	hãĩ	jo	bombe = kii
夫の兄の妻 .F.SG	ある .PRS.3PL	REL	ボンベイ = GEN.F

hãĩ	aur...
COP.PRS.3PL	AND

「スメーダーには義理の姉が1人いる。その人はボンベイに住んでいて…」　　　(Manisha Kulshreshtha, *Kya yahi hai vairagya?*)

次は親（父／母）の例である。人間には生物学的に必ず両親がいる。したがって、（存命の意味でなく）「Xに父／母がいる」ことは当然のことで情報量がないため、通常は発話されない。用例ではあらためて言う場合や特殊な文脈で見つかった。(86) – (87)は否定の例である。

(84)
meraa = bhii	ek	pitaa	th-aa.
1SG.GEN.M.SG = INCL FOC	一	父 .M.SG	ある .PST-M.SG

mãĩ = bhii   ek   beTaa   th-aa.
1SG = INCL FOC   一   息子 .M.SG   COP.PST-M.SG

「［回想］私にも 1 人の父がいた。私も 1 人の息子だった」

(Direndra Asthana, *Pita*)

(85) hamaaraa   ek   pitaa   hai   arthaat
1PL.GEN.M.SG   一   父 .M.SG   ある .PRS.3SG   すなわち

parmeshvar.
神 .M.SG

「私たちには 1 人の父がいる。すなわち神である＊25」(『ヨ
ハネによる福音書』8.41)

(http://www.wordproject.org/in/43/8.htm)

(86) mãĩ   anaath   hũũ…   mere   maataa-pitaa
1SG   孤児 .M.SG   COP.PRS.1SG   1SG.GEN.M.PL   母 .F.SG- 父 .M.SG

nahĩĩ   hãĩ.
NEG   ある .PRS.3PL

「［孤児院の生徒］私は孤児です…両親はいません」

(http://taj.chass.ncsu.edu/Hindi.Less.14/dialog_script.html)

(87) bhagvaan   shiva = to   svayãbhuu   hãĩ.
神   シヴァ = TOP   自ら生じた   COP.PRS.3PL

un = ke   na   maataa-pitaa   hãĩ   aur
3PL = GEN.M.PL   NEG   母 .F.SG- 父 .M.SG   ある .PRS.3PL   AND

na   janmatithi.
NEG   誕生日 .F.SG

「シヴァ神は自ら生じた神であり、両親もなく誕生日もない」

(http://suryakantd.blogspot.jp/ (18 Feb 2010))

分離不可能所有において、親や祖父母など誰にでもある necessary possession と兄弟や子どもなど誰にでもあるわけではない optional possession を区別する言語もある (Heine 1997a: 20–21)。例えばカビエ語では所有構文 (Companion Schema) の使用が optional possession に限られる ((88))。

(88) Kabiye (Gur, Niger-Congo; Lebikaza 1991: 92–93)

a. mε-wε-ná   píya
   I-be-with   children

   'I have children.'

b. *Kolou   wε-ná   neze
   Kolou   be-with   grandmother

   *'Kolou has a grandmother.'

　ヒンディー語の X *kaa* Y *honaa* は上に挙げた例からわかるように、直系／傍系、尊属（自分より前の世代）／卑属（自分より後の世代）、血族／姻族の区別なく親族全般に使用できる。

3.2.2　親族以外の人間

X *kaa* Y *honaa* は友人や師弟など、親族以外の人間にも使われる。

（89）un = ke   kaii   mitr   hãĩ.
      3PL = GEN.M.PL   たくさんの   友人.M.PL   ある.PRS.3PL

　　「彼らにはたくさんの友人がいる」　　　　　　　　（Kumar 1997: 38）

（90）vaagbhaTa = ke   do   guru   th-e
      ヴァーグバタ = GEN.M.PL   二   師.M   ある.PST-M.PL

      ek   apne   pitaa   jii   aur   do
      一   REFL.GEN   父.M   HON   AND   二

      avalokiteshvara   naamak   vyakti.
      アヴァローキテーシュワラ   という名の   人.M

　　「ヴァーグバタ *26 には 2 人の師がいた。1 人は自分の父親で、もう 1 人はアヴァローキテーシュワラという人だった」

　　（http://www.keralatourism.org/hindi/vaghbat-and-ashtangahriday.php）

（91）aap = ke   kitne   chaatr   hãĩ?
      2PL.HON = GEN.M.PL   いくつの   生徒；弟子.M.PL   ある.PRS.3PL

　　「あなたには何人の生徒がいますか」　　　　　　（Bhatt 2007: 116）

3.2.3　信仰の対象

　次例は信仰の対象（神）の例である。神は畏敬の対象であるが、心理的に密接で分離不可能な関係にあると考えられる *27。

(92) un＝ke 　　33　 mukhy 　devtaa 　th-e
　　 3PL＝GEN.M.PL　33　主な　　神.M　　ある.PST-M.PL

　　 un＝mẽ 　pramukh 　evã 　shaktishaalii 　devtaa
　　 3PL＝LOC 　最高の 　　AND 　力の強い 　　　神.M

　　 indra 　　　th-e.
　　 インドラ 　COP.PST-M.PL

　　「彼ら［アーリア人］は 33 の主神を持ち、そのうち最高で強
　　力な神はインドラ神だった」（Gratian Vas, *Kahani bharat ki*: 22)

3.2.4　身体部分

　親族や親族以外の人間、神との関係が社会的あるいは心理的に分
離不可能であるのに対し、身体部分は物理的に分離不可能である。
以下は身体部分の用例である。

(93) sabhii 　　devtaaõ＝kii 　　do 　　āākhẽ 　　hãĩ
　　 全ての 　　神.M.PL＝GEN.F 　二 　　目.F.PL 　　ある.PRS.3PL

　　 par 　shiva＝kii 　　tiin 　āākhẽ 　hãĩ.
　　 しかし シヴァ＝GEN.F 三 　目.F.PL 　ある.PRS.3PL

　　「全ての神が目を 2 つ持っているが、シヴァ神は 3 つの目を
　　持っている*28」

　　　　（http://religion.bhaskar.com/article/rochak-baatein-1203940.html）

(94) aadmii＝kii 　　　do 　Tāāgẽ 　ho-tii 　　hãĩ.
　　 人間.M.SG＝GEN.F 二 　足.F.PL 　ある-IMPF.F 　AUX.PRS.3PL

　　「人間には 2 本の足がある（ものだ）」　　（Montaut 2004: 201）

　(94) のような一般常識あるいは普遍的真理は「*honaa* の未完了
形＋助動詞 *honaa*」で表され、日本語の「X は〜ものだ」という表
現に相当する。

　毛と爪は多くの言語で分離不可能な所有物に扱われないが
（Chappell and McGregor 1989: 28）、ヒンディー語では分離不可
能な所有物として扱われる。

(95) merii 　　ek 　kalaakaar 　mitr＝ke 　　　bahut 　lambe
　　 1SG.GEN.F 一 　芸術家 　　友人＝GEN.M.PL 　とても 　長い

baal　　　hãĩ.

毛 .M.PL　　ある .PRS.3PL

「私の芸術家の友人はとても長い髪をしている」

(http://blogs.navbharattimes.indiatimes.com/ (06 Mar 2013))

(96) us = ke　　　ghane　　　ghũghraale　　baal

3SG = GEN.M.PL　濃い ; 密な　縮れた　　　　毛 .M.PL

th-e.

ある .PST-M.PL

「彼女は濃い癖毛を持っていた」

(Mrinal Pande, *Hamka diyo pardes*)

(97) us　　aadmii = kii　ghanii　　　daaRhii　　　hai

その　　男 = GEN.F　　濃い ; 密な　あごひげ .F.SG　ある .PRS.3SG

magar　　us = ke　　　sar = par　　　baal　　　nahĩĩ

しかし　　3SG = GEN　　頭 .M.SG = LOC　毛 .M.SG　　NEG

hai.

ある .PRS.3SG

「その男は濃いあごひげがあるが、頭には毛がない」

(http://blogs.hindipod101.com/blog/2012/02/26/)

次例は短編小説の中に出てくる詩である（ある少年が、全身が黄金でできた豚の話を聞き、見たい気持ちが高じて作った押韻詩。所有者は黄金の豚で、所有物は身体部分である）。

(98) sone = ke　　suar = ke　　　sone = ke　　baal　　　hãĩ

黄金 = GEN　　豚 = GEN.M.PL　黄金 = GEN　　毛 .M.PL　　ある .PRS.3PL

sone = ke　　suar = kii　　　sone = kii　　khaal　　hai.

黄金 = GEN　　豚 = GEN.F　　　黄金 = GEN　　皮 .F.SG　　ある .PRS.3SG

sone = ke　　suar = ke　　　sone = ke　　naaxuun　　hãĩ

黄金 = GEN　　豚 = GEN.M.PL　黄金 = GEN　　爪 .M.PL　　ある .PRS.3PL

sone = ke　　suar = mẽ　　　sone = kaa　　xuun　　hai.

黄金 = GEN　　豚 = LOC　　　　黄金 = GEN　　血 .M.SG　ある .PRS.3SG

「黄金の豚は黄金の毛を持っている
　黄金の豚は黄金の皮を持っている
　黄金の豚は黄金の爪を持っている

黄金の豚は黄金の血を持っている」

（Manoj Kumar Pandey, *Sone ka suar*）

　上例で *baal*「毛」、*khaal*「皮」、*naaxuun*「爪」の所有について
は属格後置詞 *kaa*（の変化形）が使われているのに対し、4 行目の
xuun「血」の所有については所格後置詞 *mẽ*（英語の in に相当）が
使われている。これは血液が体内を流れているためと考えられる
（所格後置詞 *mẽ* を用いた所有構文は本章 5 節で考察する）。インフォー
マントによると、血についても *kaa* で言うことができ、映画のセリ
フなどで以下のような文を言うことがあるという。

(99) us = kaa　　　　xaandaanii　　　/ gandaa　　xuun
　　　3SG = GEN.M.SG　名門の ; 高貴な　　汚れた　　血 .M.SG

　　　hai.
　　　ある .PRS.3SG

　　「彼は名門の／汚れた血を持っている」　　　　　　　（作例）

3.2.5　身体以外の部分

　身体部分ではないが、所有者の一部である「名前」や「声」にも
X *kaa* Y *honaa* が使われる（言語によって「名前」や「声」なども
分離不可能所有物として扱われる。第 2 章 3.1 節参照）。

(100) bhagvaan　　viShNu = ke　　　　anek　　　naam
　　　 神 .M　　　　ヴィシュヌ = GEN.M.PL　数多くの　名前 .M.PL

　　　hãĩ.
　　　ある .PRS.3PL

　　「ヴィシュヌ神は数多くの名前を持つ *29」

（http://www.divyahimachal.com/2012/06/09/page/3/）

(101) tum = to　　bahut　　acchaa　　gaa-te　　　　ho.
　　　 2PL = TOP　とても　　上手に　　歌う -IMPF.M.PL　AUX.PRS.2PL

　　　baRii　　acchii　　aavaaz　　hai　　　　　tumhaarii.＊30
　　　とても　　良い　　　声 .F.SG　　ある .PRS.3SG　2PL.GEN.F

　　「君は歌がとても上手だ。君はとても良い声をしている」

（http://www.jagran.com/entertainment/special100years-musician-

ravi-N17207.html）

3.2.6　土地・建物

多くの先行研究で土地や建物の所有は X *kaa* Y *honaa* で表されると記述されている（（103）–（107）は先行研究の例）。土地や建物は所有者の身体とは分離しているが、人間の生活に密接なつながりがあるため分離不可能所有物として扱われると考えられる。

（102）paas＝ke　　gãáv＝mẽ　　merii　　caar　　ekaR
　　　 近く＝GEN　　村.M.SG＝LOC　1SG.GEN.F　4　　エーカー

　　　 zamiin　　hai.
　　　 土地.F.SG　ある.PRS.3SG

　　　「近くの村に私は 4 エーカーの土地を持っている」

　　　　　　　　　　　　　　（Mohan Rakesh, *Vasna ki chhaya men*: 222）

（103）raam＝kii　　　　bahut　　zamiin-jaaydaad　　hai.
　　　 ラーム.M＝GEN.F　多くの　　土地.F.SG-財産.F.SG　　ある.PRS.3SG

　　　「ラームは多くの土地財産を持っている」　（Kumar 1997: 38）

（104）zamĩĩdaar＝ke　　　　do　　gãáv　　th-e.
　　　 領主；地主.M.SG＝GEN.M.PL　二　　村.M.PL　ある.PST-M.PL

　　　「領主は村を 2 つ持っていた」　　　（McGregor 1995: 56）

（105）hamaaraa　　ek　　makaan　　hai.
　　　 1PL.GEN.M.SG　一　　家.M.SG　　ある.PRS.3SG

　　　「私たちは家を 1 軒持っている」　　　（Kumar 1997: 38）

（106）raam＝ke　　pitaa＝kii　　　shakkar＝kii　　mil
　　　 ラーム.M＝GEN　父.M.SG＝GEN.F　砂糖.F.SG＝GEN.F　工場.F.SG

　　　 hai.
　　　 ある.PRS.3SG

　　　「ラームの父親は製糖工場を持っている」　（古賀 1986: 189）

（107）mere　　pitaa＝kaa　　　ek　　aspataal
　　　 1SG.GEN　父.M.SG＝GEN.M.SG　一　　病院.M.SG

　　　 hai.
　　　 ある.PRS.3SG

　　　「私の父は病院を 1 つ持っている」

　　　　　　　　　　　　（Snell and Weightman 2003: 101）

3.2.7 抽象名詞

「思考」に関するいくつかの名詞には X *kaa* Y *honaa* が使われる。

(108) rohit＝kaa　　　　　　fiziks　　paRh-ne＝kaa
　　　ローヒト.M＝GEN.M.SG　物理学　　学ぶ-INF.OBL＝GEN.M.SG

　　　iraadaa　　　hai.
　　　意志.M.SG　　ある.PRS.3SG

　　　「ローヒトは物理学を学ぶ意志がある（学ぶつもりだ）」

(Kachru 1990: 65)

(109) raam＝kaa　　　　　　ghar　　lauT-ne＝kaa
　　　ラーム.M＝GEN.M.SG　家　　　帰る-INF.OBL＝GEN.M.SG

　　　vicaar　　　th-aa.
　　　考え.M.SG　　ある.PST-M.SG

　　　「ラームは帰宅する考えがあった（考えていた）」

(Mohanan 1994: 180)

(110) maarTin luuthar kiṅg＝ne　　apne　　　　bhaaShaN＝mẽ
　　　M. L. キング＝ERG　　　　　REFL.GEN　演説＝LOC

　　　kah-aa　　　　th-aa　　　　ki　　meraa　　　　　　ek
　　　言う-PFV.M.SG　AUX.PST-M.SG　CONJ　1SG.GEN.M.SG　　一

　　　sapnaa　　　hai...
　　　夢.M.SG　　　ある.PRS.3SG

　　　「マーティン・ルーサー・キングは自身の演説で『私には
　　　夢がある…』と言った」(http://khabar.josh18.com/news/7983/2)

上例は所有物が抽象物であるため抽象物所有（ABST）の例に分類されるが、所有者の思考の一部（分離不可能所有）とも考えられる。次例はそのほかの抽象名詞の例である。

(111) ab　　un＝kaa　　　　　is　　zamiin＝par　　koii
　　　もう　3PL＝GEN.M.SG　　この　土地＝に関して　INDEF

　　　qaanuunii　　daavaa　　nahĩĩ　hai.
　　　法的な　　　権利.M.SG　NEG　　ある.PRS.3SG

　　　「もう彼らにはこの土地に関して何の法的権利もない」

(BBC060919)

(112) maarTin = kaa   is   ghaTnaa = se   koii
マーティン.M = GEN.M.SG   この   事件 = と   INDEF

sambandh   nahĩĩ   th-aa.
関係.M.SG   NEG   ある.PST-M.SG

「マーティンはこの事件とは何の関係もなかった」

(Divya Mathur, *Khallas*)

(113) DaakTar   saahab = kii   baRii   izzat   hai.
医者   HON = GEN.F   大変な   名声.F.SG   ある.PRS.3SG

「［その］医者は大変な名声を持っている（博している）」

(Schmidt 1999: 86)

3.2.8 無生物の全体 - 部分関係

これまで挙げた例の所有者はすべて有生物であったが、X *kaa* Y *honaa* は無生物の全体 - 部分関係（無生物分離不可能所有）にも使われる。

(114) is   kursii = ke   tiin = hii   pair
この   椅子.F.SG = GEN.M.PL   三 = EXCL FOC   脚.M.PL

hãĩ.
ある.PRS.3PL

「この椅子は脚が3本しかない」   (Hook 1979: 81)

(115) diivaar = ke = bhii   kaan   ho-te
壁.F.SG = GEN.M.PL = INCL FOC   耳.M.PL   ある-IMPF.M.PL

hãĩ.
AUX.PRS.3PL

「［諺］壁にも耳がある（壁に耳あり）」   (Tiwari 1985: 626)

(116) us   sanduuq = kaa   koii   taalaa   nahĩĩ
その   箱.M.SG = GEN.M.SG   INDEF   錠.M.SG   NEG

hai.
ある.PRS.3SG

「その箱には錠がない」   (McGregor 1995: 56)

(117) is   bhaaShaa = kii   apnii = hii   lipi
この   言語.F.SG = GEN.F   REFL.GEN.F = EXCL FOC   文字.F.SG

hai.

ある .PRS.3SG

「この言語は独自の文字を持っている」　　（古賀 1986: 180)

3.3　所有構文と分離不可能性

前節では X *kaa* Y *honaa* が使われる所有の例を見た。本節では
X *ke paas* Y *honaa*（本章 2 節）と X *kaa* Y *honaa* の所有物 Y に同
じ名詞が現れた場合に意味が異なり、その違いに分離不可能性（in-
alienability）が関与していることを示す。以下の例で上段が X *ke
paas* Y *honaa*、下段が X *kaa* Y *honaa* である。

(118)a. aajkal　　mere　　paas　　koii　　laRkaa　　　nahīī

　　　近頃　　1SG.GEN　近くに　INDEF　男の子 .M.SG　　NEG

　　　hai.

　　　ある .PRS.3SG

　　　「近頃うちには［使用人の］男の子がいない」

　　　　　　　　　　　　　　　　　　　　　（Verma 1997: 116)

　　b. meraa　　　　koii　　laRkaa　　nahīī hai.

　　　1SG.GEN.M.SG　INDEF　男の子 .M.SG　NEG　ある .PRS.3SG

　　　「私には息子がいない」

　　　　　　　　　　　　　　（Suraj Mridul, *Gyan bhari kahaniyan*: 6)

(119)a. koTdvaar = ke　　　　ek　　vyakti = ke　　　paas

　　　コートドワール = GEN　　一　　人 .M.SG = GEN　　近くに

　　　haathii dāāT　　hāĩ...

　　　象牙 .M.PL　　　ある .PRS.3PL

　　　「［象牙密輸業者に関する情報］コートドワールのある
　　　人物が象牙を持っていて…」

　　　　　　　　　　（http://in.jagran.yahoo.com (19 Oct 2012)）

　　b. haathii = ke　　　do　　tarah = ke　　　dāāt

　　　象 .M.SG = GEN.M.PL　二　　種類 = GEN.M.PL　　歯 .M.PL

　　　ho-te　　　　hāĩ,　　　khaa-ne = ke

　　　ある -IMPF.M.PL　AUX.PRS.3PL　食べる -INF.OBL = GEN.M.PL

aur	dikhaa-ne＝ke		aur.
AND	見せる -INF.OBL ＝ GEN.M.PL		AND

「象は食べるためと見せるための 2 種類の歯（牙）を持っている *31」

(http://saajhamanch.blogspot.jp/2011_09_01_archive.html)

(120) a.

us＝ke	paas	bahut-sii	pustakē	hãĩ.
3SG ＝ GEN	近くに	多くの -EMPH	本 .F.PL	ある .PRS.3PL

「彼はたくさん本を持っている」

(Bendix 1966: 147 を一部改変)

b.

us＝kii	bahut-sii	pustakē	hãĩ.
3SG ＝ GEN.F	多くの -EMPH	本 .F.PL	ある .PRS.3PL

「彼には多くの著書がある」

(Bendix 1966: 147 を一部改変)

　（118）で laRkaa「男の子」の所有に X ke paas Y honaa が使われた場合、使用人の男の子*32 を意味し、X kaa Y honaa が使われた場合は息子を意味する。つまり、前者は分離可能所有で、後者は分離不可能所有である。同様に（119）で象の身体から切り離された象牙は分離可能所有で、切り離されていない歯・牙は分離不可能所有である。また、（120）で物理的な本（蔵書）は分離可能所有、所有者の思考の一部である著書（作品）は分離不可能所有である。ヒンディー語ではこのように同じ名詞（所有物）でも所有構文によって意味が異なり、その違いに分離不可能性が関与している。

　Pandharipande（1981: 81–83）は、kaa（分離不可能所有）は所有者 – 所有物間の心理的な近さ・親密さを表すのに対し、ke paas（分離可能所有）はそのような関係は表さず、どちらかと言えば owner-owned タイプの関係を表すとし、次のようにまとめている。

（a）慣習的に親密な関係（例：親族、友人）および慣習的に owner-owned タイプの関係（例：本、ロリーポップ）では ke paas と kaa は相互に排他的に使われる。

（b）関係が慣習的に決まっていない場合、後置詞（ke paas/kaa）は話者の意図によって決められる。

（c）話者が所有者 – 所有物間の関係を知らない、あるいはその

関係が話者にとって重要でなければ、*ke paas* と *kaa* は互換的に使用できる。

Pandharipande は慣習的に owner-owned タイプの関係の例として「本」を挙げているが、（120）で見たように *ke paas* と *kaa* では意味に違いが生じる。

角田（2009: 127–128）は分離不可能所有と分離可能所有の2つの所有関係を峻別するのは難しく、実態は連続体をなすとして、分類を精密化した「所有傾斜」（所有物の階層）を提案した*33。

（121）所有傾斜（角田 2009: 127）

身体部分 ＞ 属性 ＞ 衣類 ＞（親族）＞ 愛玩動物 ＞ 作品 ＞ その他の所有物

角田（2009: 127）は「別の観点から見ると、所有傾斜は所有者と所有物の間の物理的な、或いは、心理的な近さ・密接さの程度を表すと言える」と述べている。この所有傾斜がそのままヒンディー語に適合するわけではないが、上に挙げた X *kaa* Y *honaa* の例、および *ke paas* と *kaa* の使い分け（（118）–（120））との相関が見られる。

3.4　他言語の属格所有構文における言語現象

本節では他言語の Genitive Schema の所有構文（以下、属格所有構文と呼ぶ）の例を挙げ、そこに見られる言語現象と Stassen（2009）の分析を紹介する。

本章3節のはじめに述べたように、属格所有構文では所有者は所有物の属格修飾句としてコード化される。つまり、叙述所有の構文に既存の限定所有を利用している（Heine 1997a: 58）。そのため、所有者名詞句は限定所有においても叙述所有においても属格標識（格接辞や接置詞）を持ち、次例のように限定所有と叙述所有の間に平行性が見られる（Stassen 2009: 107）。

（122）Turkish（Altaic, Turkic; Lewis 1967: 42, 251）

    a. uzman-ın　　rapor-u
       expert-GEN　　report-his

    'the expert's report'

b. Mehmed'-in   para-sı   yok.

    M.-GEN   money-his   not.exist

'Mehmet has no money.'

(123) Tahitian (Austronesian, Polynesian; Tryon 1970: 28, 55)

a. te   feti'a   'ō   te   ra'i

   ART   star   of   ART   sky

'the stars of the sky'

b. 'E   fare   nehenehe   tō   tēra   ta'ata.

   exist   house   nice   of   that   man

'That man has a nice house.'

しかし、Stassen（2009: 115）は叙述所有の構文において、「所有者名詞句＋所有物名詞句」（X's Y）の結びつきが隣接性と不可分性の点で構成素の基準（constituency criterion）に合わない例を挙げている。1つ目は所有者名詞句と所有物名詞句の間に存在動詞が介在する例で、リトアニア語、ウラル諸語、モンゴル系言語の土族語民和方言（Mangghuer）、ダゲスタン諸語などに見られる。

(124) Lithuanian (Indo-Europian, Baltic; Senn 1929: 24)

Màno   kaimý-no   **yrà**   ìlgas

my   neighbour-GEN.SG   be.3SG.PRES   long.NOM.SG

laũkas.

field.NOM.SG

'My neighbour has a long field.'

(125) Godoberi (Dagestanian; Kibrik 1996: 26)

anwar-Li   **ba＝k'a**   b＝e:Ruda   waci-bedi.

Anwar-GEN   HUM.PL＝be.PST   HUM.PL＝many   brother-PL

'Anwar had many brothers.'

2つ目はスコープ（意味的作用域）が文に及ぶ小詞（particle）や否定辞が所有者名詞句と所有物名詞句の間に介在する例である。

(126) Vedic (Indo-Europian, Indic; Macdonell 1993: 320)

manor   **ha**   **vaa**   ŕShabha   aasa.[34]

Manu.GEN   EMPH   EMPH   bull.M.SG.NOM   be.PFV.P.3SG

'Manu had a bull.'   (*Shatapatha Brahmana* 1.1.4.14)

(127) West Tocharic (Indo-European, Tocharic; Krause and Thomas 1960: 82)

tsraṣi-śśi	**mā**	praski	naṣ.
energetic-GEN.PL	NEG	fear.NOM	be.3SG.PRS

'The energetic have no fear.'

Stassen（2009: 118）は上に挙げた例の共通点として、所有者名詞句が文頭の位置を占めることから限定所有と叙述所有の統語的違いは主題性（topicality）に帰せられると述べている。次例のサンタル語の叙述所有では所有者名詞句に文の主題を表す接尾辞が付いている（限定所有では付かない）。

(128) Santali (Austro-Asiatic, Munda; Neukom 2001: 34)

uni	kisɑ̄r-ren-**dɔ**	mit'	gora	sadɔm
that	rich-GEN-TOP	one	stable	horse

menak'-ko-ta-e-a.
exist-3PL.OBJ-POSS-3SG.POSS-IND

'That rich man has a stable of horses.'

古典アルメニア語（(129)）、西トカラ語、アヴァル語（Avar）などでは、限定所有の語順は「所有物名詞句－所有者名詞句」だが、叙述所有では逆になり所有者名詞句が文頭に来る。

(129) Classical Armenian (Indo-European, Armenian; Godel 1975: 111; Benveniste 1966: 201)

a.
ordi	im
son	1SG.GEN

'my son'

b.
nora	tun	ē.
3SG.GEN	house.NOM	be.3SG.PRS

'He has a house.'

Stassen（2009: 121）はさらにトルコ語の叙述所有では（130）のように所有者名詞句と所有物名詞句の間に副詞句を置くことができ（限定所有では許されない）、所有者名詞句と所有物名詞句の間に著しいポーズがあることから叙述所有の所有者名詞句を文の主題として分析することを妥当としている。

(130) Turkish（Altaic, Turkic; Lewis 1967: 251–252）

Mehmed'-in	o	banka-da	para-sı	var.
M.-GEN	DEM	bank-LOC	money-his	exist

'Mehmet has money in that bank.'

　次節では上述の他言語の属格所有構文における言語現象を参考に
ヒンディー語の属格所有構文 X *kaa* Y *honaa* を考察する。

3.5　X *kaa* Y *honaa* の切れ目

　まず、X *kaa* Y *honaa* の音声的な特徴について考察する。鈴木
（1981: 101–103）は「人間関係や身体部分の表わし方」の項で X
kaa Y *honaa* の用例を挙げ、斜線（ / ）のところに文の切れ目があ
ることを指摘している。

(131)

meraa /	ek	baRaa	bhaaii	hai.
1SG.GEN.M.SG	一	年上の	兄弟 .M.SG	ある .PRS.3SG

　　　「私には兄が 1 人います」　　　　　　　　　（鈴木 1981: 102）

(132)

aap = ke /	kitne	bacce	hāī?
2PL.HON = GEN.M.PL	何人の	子ども .M.PL	ある .PRS.3PL

　　　「あなたには何人お子さんがいますか」　　　（鈴木 1981: 102）

(133)

xargosh = ke /	do	lambe	kaan	hāī.
兎 .M.SG = GEN.M.PL	二	長い	耳 .M.PL	ある .PRS.3PL

　　　「兎は 2 本の長い耳を持っています」　　　　（鈴木 1981: 102）

　これは前節で見たように、結びつきが緊密なはずの「所有者名詞
句–所有物名詞句」の間に切れ目があることを示している。ヒンディー
語の音声資料（テキストの付属 CD など）を確認したところ、X
kaa および代名詞属格 *-raa* の後にポーズが入りうる（必ず入るわけ
ではない）ことが確認された。以下に示す例文と音声波形＊35 は
次の会話の下線部分である。

　　　［ラクナウの町でばったり出会った 2 人の男性（友人）］
　　　ラフィーク：君は今、ラクナウに滞在しているのかい？
　　　アルン：いやいや、今はデリーの兄のところにいるんだ。
　　　ラフィーク：<u>君はデリーに自宅がないのかい？</u>
　　　アルン：ああ。でも、ちょうど新しい家がほしいと思っていた

ところなんだ。プラカーシュ［兄］には3人の子どもがいるんだけど、彼らにほとほと手を焼いているんだ。

(Snell and Weightman 2003: 98–99)

(134) tumhaaraa / apnaa makaan nahĩĩ hai,
2PL.GEN.M.SG　REFL.GEN.M.SG　家.M.SG　NEG　ある.PRS.3SG

dillii = mẽ?
デリー = LOC

「君はデリーに自宅がないのか？」

(Snell and Weightman 2003: 98)

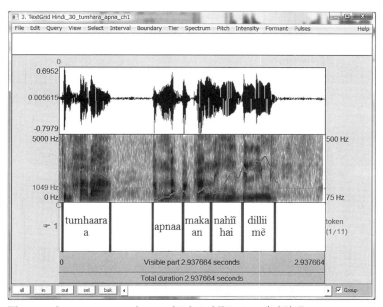

図1　*tumhaaraa apnaa makaan nahĩĩ hai, dillii mẽ?* の音声波形

(135) prakaash = ke / tiin bacce hãĩ.
プラカーシュ.M = GEN.M.PL　三　子ども.M.PL　ある.PRS.3PL

「プラカーシュには3人の子どもがいる」

(Snell and Weightman 2003: 99)

第4章　存在動詞 *honaa* を用いた所有構文　81

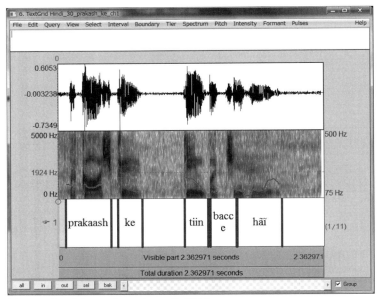

図2 *prakaash ke tiin bacce hāĩ* の音声波形

　上に示した音声波形では X *kaa* および代名詞属格 *-raa* の後に著しいポーズが見られる。一方、限定所有の X *kaa* Y（例：*us kaa bhaaii*「彼の兄弟」、*meraa makaan*「私の家」など）はひとまとまりで発音され、上例のような著しいポーズを入れた発音は不自然である。

3.6　ほかの要素の介在
　次に X *kaa* Y *honaa* において所有者名詞句と所有物名詞句の間にほかの要素が介在する例を示す。

3.6.1　小詞の介在
　ヒンディー語には日本語のとりたて（助）詞に相当する3つの小詞 *to*「は、なら」、*bhii*「も、すら、さえ」、*hii*「だけ、ばかり、こそ」がある（第3章4節参照）。X *kaa* Y *honaa* ではこれらの小詞が所有者名詞句と所有物名詞句の間に介在する例が見られる。

(136) meraa = **to**　　　　ek = bhii　　　pakkaa　　　dost

1SG.GEN.M.SG = TOP　一 = INCL FOC　信頼できる　友人 .M.SG

nahĩĩ　hai.

NEG　　ある .PRS.3SG

「私には 1 人も信頼できる友人がいない」

(http://hindi.webdunia.com/miscellaneous/special09/friendshipd

ay2009/0907/31/1090731069_1.htm)

(137) meraa = **bhii**　　　　ek　pitaa　　th-aa.

1SG.GEN.M.SG = INCL FOC　一　父 .M.SG　ある .PST-M.SG

mãĩ = bhii　　ek　beTaa　　　th-aa.　　　　　(= (84))

1SG = INCL FOC　一　息子 .M.SG　COP.PST-M.SG

「[回想] 私にも 1 人の父がいた。私も 1 人の息子だった」

(Direndra Asthana, *Pita*)

(138) diivaar = ke = **bhii**　　　kaan　　ho-te

壁 .F.SG = GEN.M.PL = INCL FOC　耳 .M.PL　ある -IMPF.M.PL

hãĩ.　　　　　　　　　　　　　　　　　(= (115))

AUX.PRS.3PL

「[諺] 壁にも耳がある（壁に耳あり）」(Tiwari 1985: 626)

(139) tumhaarii = **bhii** = to*36　　　ãākhẽ　　hãĩ.

2PL.GEN.F = INCL FOC = TOP　　　目 .F.PL　ある .PRS.3PL

「お前にも確かに目がある（じゃないか）」　　　(HJD1011b)

(140) merii　　baatõ = kaa　　koii　　sar-pair　　nahĩĩ,

1SG.GEN.F　話 .F.PL = GEN.M.SG　INDEF　頭 - 足 .M.SG　NEG

to　　us = kaa = **hii**　　　koii　　sar-pair　　nahĩĩ.

CONJ　3SG = GEN.M.SG = EXCL FOC　INDEF　頭 - 足 .M.SG　NEG

「私の話に頭と足がない（＝私の話がでたらめ）なら、それにこそ頭と足がない（＝それこそでたらめだ）」

(http://vichaarveethika.blogspot.com/2011/07/blog-post_5601.html)

上例はいずれも所有者をとりたてている。(138)、(140)のようにとりたてる語が後置詞を伴う場合、*to* と *bhii* は後置詞の後に付く。*hii* は後置詞の前に付くこともある。

第 4 章　存在動詞 *honaa* を用いた所有構文　　**83**

3.6.2 副詞句の介在

X *kaa* Y *honaa* では所有者名詞句と所有物名詞句の間に副詞句が
介在する例も見られる。

（141）meraa　　　　　**film**　　**iNDasTrii＝mē**　　koii　　dost
　　　　1SG.GEN.M.SG　映画　　業界.F.SG＝LOC　　　　INDEF　友人.M.SG

　　　　nahīī　　hai...
　　　　NEG　　　ある.PRS.3SG

　　　　「［映画女優の発言］私は映画業界に1人も友人がいません」

　　　　　　　　（http://aks-raghuvendra.blogspot.jp/2008_10_01_archive.html）

（142）43　　varShiiy　　baTlar＝ke　　　　**nyuuyaak**　　**aur**
　　　　43　　歳の　　　　バトラー＝GEN.M.PL　ニューヨーク　AND

　　　　laas ējelis　　**donō**　　**shahrō＝mē**　　ghar　　hāī.
　　　　ロサンゼルス　　両方の　都市.M.PL＝LOC　家.M.PL　ある.PRS.3PL

　　　　「43歳の［俳優ジェラルド・］バトラーはニューヨークと
　　　　ロサンゼルスの両方の都市に家を持っている」

　　　　　　　　（http://www.aajkikhabar.com/hindi/News/International/butller/153

　　　　　　　　846.html）

　上例（141）で *meraa*「私の.M.SG」が修飾しているのは *dost*
「友人.M.SG」である（一致関係がある）。その間に *film iNDasTrii*
＝mē「映画業界に」という副詞句が介在している。これは限定所
有の場合には許されず、*meraa film iNDasTrii＝kaa dost*「私の映
画業界の友人」のように所格後置詞 *mē* の代わりに属格後置詞 *kaa*
を使わなければならない。（142）についても同様で、*baTlar＝ke*
「バトラーの.M.PL」は *ghar*「家.M.PL」を修飾しており、間に副詞
句が介在している。限定所有の場合は *mē* の代わりに *ke*（GEN.
M.PL）を使わなければならない（インフォーマントにも確認した）。

　X *kaa* Y *honaa* は限定所有（X *kaa* Y）を利用した所有構文であ
るが、本節で見たように所有者名詞句と所有物名詞句の結びつき
（隣接性・不可分性）は緩やかで、間にほかの要素（小詞、副詞句）
が介在可能である。前節で述べた音声的な切れ目が置けることと考
え合わせると、X *kaa* Y *honaa* は表面的には1項の構造（［X *kaa* Y］
honaa）であるが、X *kaa* が主題化し、2項の構造（［X *kaa*］［Y］

84

honaa）になっていると考えられる。

3.7 X *kaa* Y *honaa* の変種

これまで述べてきた X *kaa* Y *honaa* は属格後置詞 *kaa*（および代名詞属格 -*raa*）が被修飾名詞（＝所有物 Y）の性・数・格に一致し、*kaa/ke/kii*（代名詞属格は -*raa/re/rii*）と変化するものであった。X *kaa* Y *honaa* にはこうした一致を起こさない変種 X *ke* Y *honaa* がある。この *ke* は *kaa* の男性・斜格形で*37、所有物 Y との一致を起こさず常に *ke* で現れる *38。以下、具体例を挙げる。

（143）shivaajii＝ke aaTh patniyāā th-īī.
シヴァージー.M＝GEN.M.OBL　8　妻.F.PL　ある.PST-F.PL

「シヴァージー*39には8人の妻がいた」　（Hook 1979: 80）

（144）us gaay＝ke ek＝hii sīīg
あの　雌牛.F.SG＝GEN.M.OBL　一＝EXCL FOC　角.M.SG

hai.
ある.PRS.3SG

「あの雌牛は1本しか角がない*40」　（Jain 2000: 84）

（145）mere koii baccaa nahīī hai.
1SG.GEN.OBL　INDEF　子ども.M.SG　NEG　ある.PRS.3SG

「私には1人も子どもがいない」

（http://rsaudr.org/show_artical.php?&id＝3091）

上例はいずれも属格後置詞／代名詞属格と所有物の間に一致がない。一致がある場合、（143）の *ke* は *kii*（GEN.F）に、（144）の *ke* は *kaa*（GEN.M.SG）に、（145）の *mere* は *meraa*（1SG.GEN.M.SG）になる。ただし、所有物が男性名詞で複数の場合、*kaa* の主格形も斜格形も *ke* になるため（表2参照）、一致しているかいないかの区別がつかない（（146））。

（146）guptaa jii＝ke tiin beTe
グプター　HON＝GEN.M.PL/GEN.M.OBL　三　息子.M.PL

hāī.
ある.PRS.3PL

「グプターさんには3人の息子がいる」　（Kachru 1980: 121）

第4章　存在動詞 *honaa* を用いた所有構文　**85**

3.7.1　先行研究

　一致を起こさない斜格形の *ke* は先行研究では「不変化の *ke*」
（Hook 1979: 80, Verma 1997: 115, Agnihotri 2007: 189）、「不変
化 の 属 格」（Masica 1991: 360）、「非 主 格 形 の *ke*」（Mohanan
1994: 178）、「属格標識の副詞形」（Montaut 2004: 200）などと呼
ばれている。本書では（変化する *kaa* に対して）「不変化の *ke*」あ
るいは単に *ke* と呼ぶことにする。

　属格所有構文における変化する *kaa* と不変化の *ke* の使用条件に
関して先行研究の記述（表4）にはばらつきがあるが、大きく3つ
にまとめられる。

　（ⅰ）基本的に変化する *kaa* が使われる。

　（ⅱ）基本的に不変化の *ke* が使われる。

　（ⅲ）変化する *kaa* または不変化の *ke* が使われる。

　（ⅰ）の Kumar（1997）、Bhatt（2007）のように不変化の *ke* に
ついて全く言及のないものもあるが、（ⅰ）の Snell and Weight-
man（2003）や（ⅲ）の記述を考え合わせると、不変化の *ke* は親
族でもっともよく使われ、次いで身体部分で使われやすい。（ⅲ）
の高橋（2003: 53）は「［親族の場合］後置詞 *kaa* は後続する名詞
の性質にかかわらず、常に *ke* となるのが本来の姿である」と記し
ているが、「本来の姿」とは歴史的に *ke* が *kaa* より古いという意味
なのか、あるいは規範的な意味なのか、それ以上のことは述べられ
ていない。

　ke の使用に関して、（ⅰ）の McGregor（1995）、鈴木（1996）
の「*ke* は口語で使用」という記述は注目に値する。次例は坂田
（1999）が採録した民話（語り）の例である。

（147）ek　　buRhiyaa　th-ii　　　　　aur　　us＝ke　　　　ek
　　　 一　　老婆 .F.SG　　ある .PST-F.SG　AND　3SG＝GEN.M.OBL　一

　　　 laRkaa　　th-aa.
　　　 息子 .M.SG　　ある .PST-M.SG

　　　「ある老婆がいた。そして彼女には1人の息子がいた」

（坂田 1999: 62）

表4 属格所有構文における *kaa* と *ke* の使用条件（空欄は記述なし）

先行研究	親族	身体	他の有生物	土地・建物	全体部分	備考
（ⅰ）基本的に *kaa* を使用						
McGregor (1995)	*kaa*	*kaa*	*kaa*（友人）	*kaa/ke paas*（村、土地）	*kaa*（箱－錠）	*ke* は口語で起きる
鈴木（1996）	*kaa*	*kaa*		*kaa/ke paas*（家）		親族は口語的には *ke* も使用
Kumar (1997)	*kaa*	*kaa*	*kaa*（友人）	*kaa*（家、地所）		*ke* の言及なし
Snell and Weightman (2003)	*kaa*	*kaa*		*kaa*（家、病院）		親族に *ke* を使う話者あり
Bhatt（2007）	*kaa*		*kaa*（生徒）			*ke* の言及なし
（ⅱ）基本的に *ke* を使用						
Hook（1979）	*ke*	*ke*	*ke*（師匠、友人）	*kaa/ke paas*（土地）	*kaa*（椅子－脚）	*kaa* を使う話者もいる
Kachru (1980)	*ke*	*ke*	*ke*（雌牛）			*kaa* の言及なし
田中・町田 (1986)	*ke*					*kaa* の言及なし
Verma（1997）	*ke*					*kaa* の言及なし
Jain（2000）	*ke*	*ke*				*kaa* の言及なし
Agnihotri (2007)	*ke*	*ke*	*ke*（友人）			*kaa* の言及なし
（ⅲ）*kaa* または *ke* を使用						
Masica (1991)	*kaa/ke*	*kaa/ke*		*kaa*（記述のみ、例なし）	*kaa*（部屋－壁）	*ke* は代替形だが好まれる
Mohanan (1994)	*kaa/ke*	*kaa/ke*		*kaa/ke paas*（家）		*kaa/ke* の選択は任意
高橋（2003）	*kaa/ke*	*kaa*		*kaa*（家、工場）	*kaa*（部屋－壁）	親族は *ke* が本来の姿
Montaut (2004)	*kaa/ke*	*kaa*				親族は *ke* も使われる

(148) ek　　raajaa　　　th-aa.　　　　　us = ke　　　　　do
　　　一　　王 .M.SG　　ある .PST-M.SG　　3SG = GEN.M.OBL　　二

　　raaniyãã　th-ĩĩ.　　　baRii　raanii = ke　　　　　saat
　　王妃 .F.PL　ある .PST-F.PL　年上の　王妃 .F.SG = GEN.M.OBL　7

　　laRke　　　th-e,　　　choTii　raanii = ke
　　男の子 .M.PL　ある .PST-M.PL　年下の　王妃 .F.SG = GEN.M.OBL

　　koii　laRkaa　　nahĩĩ　th-aa.
　　INDEF　男の子 .M.SG　NEG　ある .PST-M.SG

　　「ある王様がいた。王様には王妃が 2 人いた。年上の王妃に
　　は 7 人の王子がいたが、年下の王妃には 1 人もいなかった」

（坂田 1999: 144）

　民話でははじめに登場人物とその親族関係が示されるが、上例で
はすべて不変化の ke が使われている。坂田（1999: 62fn）はこれ
について、「親族名詞を修飾する語句は、口語では被修飾語句の性
数に関係なく、この形［ke］をとることが多い」と述べている。
　ke が親族、身体部分以外にも使われるという記述もある。（ii）
の Hook（1979）、Agnihotri（2007）は友人にも ke を使うとし、
Kachru（1980）は動物にまで拡張している（(149)）。

(149) maataadiin = ke　　　　　do　gaaē
　　マーターディーン .M = GEN.M.OBL　二　雌牛 .F.PL

　　hãĩ.
　　ある .PRS.3PL

　　「マーターディーンは 2 頭の雌牛を持っている」

（Kachru 1980: 122）

　しかし、Kachru（2006: 193）では totaa「オウム」の所有に X
ke paas Y honaa が使われており、ke と ke paas の境界は明確では
ない。なお、Jain（2000: 84）はペットには ke paas を用いると述
べている（例文は挙げられていない）。

3.7.2　さらなる文法化

　鈴木（1996: 42）は、この ke は「～には」を意味し、所有物と
は文法的なつながりがない副詞的な用法であると述べている。また、

Sharma（1972: 167）は *ke* および代名詞属格の *-re*（（145）の *mere*）は特異な用法で、明らかに形容詞的ではないと述べている。そして、この *ke*、*-re* の後ろに *ghar mẽ*「家に」、*paas*「近くに」、*yahãã*「ところに」のような言葉を補うことができると述べている。確かに、後ろにあった斜格名詞句（以下、OBL.NP）が省略／削除されたと考えれば、*ke*、*-re* が斜格形であることが説明しやすい（（150））。

(150) X　*ke*　OBL.NP　Y　*honaa*

↓

　　 X　*ke*　~~OBL.NP~~　Y　*honaa*

しかし、Kellogg（1893: 417）には "It has been common to postulate some such word as *paas* or *yahãã*, after this *ke*; but native grammarians deny that there is any ellipsis" という記述があり、不変化の *ke* の説明が昔から問題になっていたことがうかがえる。また、*ke* の後ろに省略がある場合、X *ke* Y *honaa*（*ke* は不変化）と X *kaa* Y *honaa*（*kaa* は変化）の競合関係が問題になる。考えられるシナリオの1つは、分離不可能所有にもともと X *ke* OBL.NP Y *honaa*（Location Schema）と X *kaa* Y *honaa*（Genitive Schema）の2つの構文があり、前者の OBL.NP の省略によって2つの属格所有構文として競合するようになったというものである（（151））。しかし、分離不可能所有に2つの構文があったとは考えにくく、仮にあったとして X *ke* OBL.NP Y *honaa* が分離不可能所有を表し、その形式を持つ X *ke paas* Y *honaa*「X の近くに Y がある」（本章2節）が主として分離可能所有を表すことの説明がつかない。

(151) X　*ke*　OBL.NP　Y　*honaa*　　　　X　*kaa*　Y　*honaa*

　　 （Location Schema）　　　　　　 （Genitive Schema）

　　　　　　↓　　　　　　　　　　　　　　　　↓

　 X　*ke*　~~OBL.NP~~　Y　*honaa* ←競合→ X　*kaa*　Y　*honaa*

　 （表面的には Genitive Schema）　　　 （Genitive Schema）

考えられるもう1つのシナリオは、OBL.NP が省略／削除された X *ke* Y *honaa* の *ke*（不変化）が次第に所有物 Y に一致するようになり、X *kaa* Y *honaa* が発生した（現在は新旧2つの構文が併存）

第4章　存在動詞 *honaa* を用いた所有構文　　89

というものである（（152））。しかし、所有を明示する構文（後述）が所有以外の解釈（存在文、コピュラ文）の可能性を持つ構文に「発達」することは逆行しており、考えにくい。

(152) X *ke* OBL.NP Y *honaa*

↓

X *ke* ~~OBL.NP~~ Y *honaa* （*ke* は不変化）

↓

X *kaa* Y *honaa* （*kaa* は Y に一致して変化）

筆者は X *ke* Y *honaa* を X *kaa* Y *honaa*（X's Y exists > X has Y）のさらなる文法化（構文の発達）と考える。すなわち、所有物 Y との一致がなくなり固定化した X *ke*（および代名詞属格の *-re*）は、1 項の構造（[X *kaa* Y] *honaa*）から 2 項の構造（[X *ke*] [Y] *honaa*）への形態統語的変化ととらえることができる（すでに本章 3.5 節で X *kaa* の後に音声的切れ目が置けること、また 3.6 節で X *kaa* と Y の間にほかの要素が介在し得ることを指摘した）。

X *kaa* Y *honaa* は存在文「X の Y がある」と所有文「X は Y を持っている」のほか、コピュラ文「（〜は）X の Y だ」にも使われるため、前後の文脈や副詞句などの手がかりがないと文の意味がはっきりしない。例えば、次例の太字部分はまったく同じであるが、（153）は存在文、（154）はコピュラ文で意味が異なる。

(153) lisT = mẽ **meraa** **baccaa** **nahĩĩ**
リスト .F.SG = LOC 1SG.GEN.M.SG 子ども .M.SG NEG

hai.
ある .PRS.3SG

「リストにうちの子［の名前］がない」

（http://www.livehindustan.com/news/edu/news/article1-story-269-
269-215537.html）

(154) us = ne kah-aa ki **meraa** **baccaa**
3SG = ERG 言う -PFV.M.SG CONJ 1SG.GEN.M.SG 子ども .M.SG

nahĩĩ **hai.**
NEG COP.PRS.3SG

「［妊娠した女性に対し］彼は『俺の子じゃない』と言った」

（http://www.bhaskar.com/article/JHA-RAN-promise-of-marriage-but-
body-refused-to-marry-3357157.html）

　一方、X *ke* Y *honaa* にはそのような多義性はなく、所有の意味
だけに限定される＊41。逆に存在文、コピュラ文の X *kaa* Y *honaa*
で *ke* を使用すると（（153）–（154）の *meraa* を *mere* にすると）
非文になる。

　不変化の *ke* の成立を考えるうえで興味深い言語事実がある。
Heine（1997a: 110）は具体的な起点スキーマから抽象的な所有表
現への文法化に伴い、当該言語において多くの形態統語論的な特異
性を生み出す発達が引き起こされると述べている。そして、1 例と
してルイセーニョ語の所有構文（Topic Schema）における代名詞
接語の化石化（fossilization）を挙げている。

（155）Luiseño（Takic, Uto-Aztecan; Steele 1977: 114, 122）

　　　a.　noo＝n　　　　　　nopaaʔasʼ　　ʔawq
　　　　　I＝1SG:clitic:pronoun　my:brother　is

　　　　　'I have a brother.'

　　　b.　noo＝p　　nopaaʔasʼ　　ʔawq
　　　　　I＝clitic　　my:brother　is

　　　　　'I have a brother.'

　（155a）で接語＝*n* は代名詞 *noo* に付き、その人称・数に一致し
ているが、（155b）では一致の能力を失い、3 人称単数の不変化マー
カー＝*up*（母音の後では＝*p*）になっている（化石化した段階）。
（155a）の一致する接語を使うこともまだ可能で、両者の併存は文
法化の起点から到達点への移行におけるオーバーラップの段階（図
3）を示唆している（Heine 1997a: 116）。

構造	発達段階		
	Ⅰ	Ⅱ	Ⅲ
起点（Source）	A	A	
到達点（Target）		B	B

　　　図 3　オーバーラップ・モデル（Heine 1997a: 82）

　上述のルイセーニョ語の事例と Heine（1997a）のオーバーラッ

第 4 章　存在動詞 *honaa* を用いた所有構文　　91

プ・モデルをもとにヒンディー語について考えてみると、（ⅰ）X *kaa* Y *honaa* の使用において、まず口語で（変化する *kaa* から不変化の *ke* への）言語変化が起こり＊42、（ⅱ）所有を明示する構文 X *ke* Y *honaa* が発達し、（ⅲ）現在は2つの構文が併存していると考えられる（(156)）。

(156) [X　*kaa*　　Y]　*honaa*　（存在文／所有文／コピュラ文）

　　　　　　↓

　　　[X　*ke*] [Y]　*honaa*　（所有文）

3.8　X *kaa* Y *honaa* のまとめ

以上、本節では分離不可能所有に使われる構文 X *kaa* Y *honaa* を考察した。X *kaa* Y *honaa* は属格後置詞 *kaa* および代名詞属格 *-raa* を使用した所有構文で、Heine（1997a）のイベント・スキーマでは Genitive Schema に該当する。*kaa* と *-raa* は所有物 Y の性・数・格に応じて変化する。

X *ke paas* Y *honaa*「X の近くに Y がある」（本章2節）が主として分離可能所有に使われるのに対し、X *kaa* Y *honaa*「X の Y がある」は親族、身体部分に代表される分離不可能所有に使われる。また、この構文は親族以外の人間、信仰の対象、身体以外の部分（例：名前や声）、人間の生活に密接なつながりのある土地・建物の所有にも使われる。そのほかに、思考に関する抽象名詞や無生物の全体－部分関係（例：椅子とその脚）にも X *kaa* Y *honaa* が使われる。以上の結果は表5にまとめられる（INAL と IN/I を '＋' でマーク、ABST を '＋/－' でマーク、それ以外は '－' でマークする）。

表5　ヒンディー語の所有構文とそれが表す所有概念（2）

構文	起点スキーマ	所有概念（所有の種類）						
		PHYS	TEMP	PERM	INAL	ABST	IN/I	IN/A
ke paas–honaa	Location	＋	＋	＋	－	＋/－	－	－
kaa–honaa	Genitive	－	－	－	＋	＋/－	＋	－

X *ke paas* Y *honaa* と X *kaa* Y *honaa* は競合する部分があり、所有物が土地・建物や動物などの場合はどちらの構文も使用される。ただし、両構文で意味が異なる場合があり、その違いには分離不可能性が関与している（例：身体から切り離された象牙と切り離されていない象牙）。

　X *kaa* Y *honaa* は限定所有（X *kaa* Y）を利用しており、表面的には1項の構造であるが、X *kaa* / Y *honaa* のように音声的な切れ目が置けることに加え、/ の部分に小詞や副詞句などが介在し得ることから、X *kaa* は主題化し、［X *kaa*］［Y］*honaa* のように2項の構造になっていると考えられる。

　X *kaa* Y *honaa* には *kaa* が所有物 Y との一致を起こさない変種 X *ke* Y *honaa* がある。本節では両構文に関する先行研究の記述をまとめ、不変化の *ke* が口語で起きることから、X *ke* Y *honaa* は X *kaa* Y *honaa* がさらに文法化したもので、多義的な X *kaa* Y *honaa* の意味を所有に限定する言語変化と考えた。

　本節で挙げた用例と表4（*kaa* と *ke* の使用条件）からヒンディー語における所有傾斜（所有物の階層）は以下のように考えられる（本節で挙げた所有物のうち、用例が多いものを中心に並べた）。

（157）ヒンディー語の所有傾斜

　　　親族 ＞ 身体部分 ＞ 友人 ＞ 土地・建物 ＞ 動物 ＞ その他の所有物

　上の所有傾斜は角田（2009: 127）の所有傾斜（（121））と項目が異なるが、大きな違いはヒンディー語では親族が傾斜の最上位に位置することである（親族の所有に X *ke paas* Y *honaa* は使用できない（（46）））。

4. 抽象物所有の構文 X *ko* Y *honaa*

　本章2節と3節で考察した所有構文の所有物は基本的に目に見える具体物であった。本節では所有物が目に見えない無形の概念である抽象物所有の構文を考察する。

4.1 与格構文（「与格 + 主格」構文）

南アジアの言語では「与格 + 主格」（「X に Y が～」）の格枠組み
をとる構文（以下、与格構文と呼ぶ）が多用される。ヒンディー語
では感情、感覚、知覚、認識、所有、能力、願望、必要、義務など、
さまざまな表現で与格構文が使用される*43。以下、具体例を示す。

(158) tuShaar = ko　　　xushii　　 huii.
　　　トゥシャール.M = DAT　喜び.F.SG　生じる.PFV.F.SG

　　　「トゥシャールは喜んだ（直訳：トゥシャールに喜びが生
　　　じた）」　　　　　　　　　　　　　　　（Mohanan 1994: 141）

(159) raam = ko　　　 ġussaa　　　aa-yaa.
　　　ラーム.M = DAT　怒り.M.SG　来る-PFV.M.SG

　　　「ラームは頭にきた（直訳：ラームに怒りが来た）」
　　　　　　　　　　　　　　　　　　　　　（Mohanan 1994: 171）

(160) mujhe　　　bhuuk /　　pyaas /　　ThaND　　lag
　　　1SG.DAT　空腹.F.SG　乾き.F.SG　寒さ.F.SG　感じられる

　　　rahii　　 hai.
　　　PROG.F　AUX.PRS.3SG

　　　「私はお腹がすいている／喉が渇いている／寒い」
　　　　　　　　　　　　　　　　　　　　　（Montaut 2004: 194）

(161) mujhe = to　　koii　　nahĩĩ　　diikh-taa.
　　　1SG.DAT = TOP　INDEF　NEG　　見える ; 目に入る-IMPF.M.SG

　　　「私には誰も見えない」　　　　　　　　　　（HJD0656b）

(162) mujhe　　raastaa　　maaluum　　 hai.
　　　1SG.DAT　道.M.SG　知られている　COP.PRS.3SG

　　　「私は道を知っている（直訳：私に道が知られている）」
　　　　　　　　　　　　　　　　　　　　　　　（Bhatt 2007: 174）

(163) mujhe　　hindi　　　　aa-tii　　　hai.
　　　1SG.DAT　ヒンディー語.F.SG　来る-IMPF.F　AUX.PRS.3SG

　　　「私はヒンディー語がわかる／できる」（McGregor 1995: 55）

(164) ham logõ = ko　　aap = kii　　　sahaaytaa　caahie.
　　　1PL = DAT　　　2PL.HON = GEN.F　協力.F.SG　　必要だ

　　　「私たちはあなたの協力が必要だ」　　　　（古賀 1986: 171）

与格の形式は名詞／代名詞の斜格形に後置詞 *ko*（第3章3節）
を付けて作られる。代名詞には（2人称敬称の *aap* を除き）X *ko*
が1語化した交替形*44があり（表6）、交替形の方が多く使われ
る傾向がある（町田 2008: 54）。

表6　人称代名詞の与格（対格）の形式

人称・数	斜格形＋ ko	交替形
1SG	mujh ko	mujhe
1PL	ham ko	hamē
2SG	tujh ko	tujhe
2PL	tum ko	tumhē
2PL.HON	aap ko	—
3SG	is ko, us ko	ise, use
3PL	in ko, un ko	inhē, unhē

与格構文では述語は主格の名詞に一致する。したがって、（158）
の *huii*「生じる .PFV.F.SG」は *xushii*「喜び .F.SG」に一致し、（159）
の *aa-yaa*「来る -PFV.M.SG」は *gussaa*「怒り .M.SG」に一致している。
（161）のように主格名詞がなく、不定代名詞がある場合、述語は
男性・単数形をとる。（164）の *caahie*「必要だ、欲しい」は動詞
caahnaa「望む、欲する」に由来するが、主格名詞の性・数による
変化を失い（複数の場合、時に *caahiē* という語形も見られる）、今
日では形容詞のように用いられる（古賀 1986: 171）。

与格構文をとる述語は主格構文や能格構文をとる述語に比べ他動
性が低い（Montaut 2004: 192）。また、同じ動詞であっても格枠
組みによって意味に違いが見られる。次例は *milnaa*「会う」の例
で（165a）は主格構文、（165b）は与格構文である。

(165)a. aaj　　merii　　bahan　　raam＝se　　mil-ii.
　　　　今日　1SG.GEN.F　姉妹 .F.SG　ラーム .M ＝に　会う -PFV.F.SG

　　　「今日、私の姉／妹はラームに会った（会いに行った）」

　　b. aaj　　merii　　bahan＝ko　　raam
　　　　今日　1SG.GEN.F　姉妹 .F.SG ＝DAT　ラーム .M

mil-aa.

会う -PFV.M.SG

「今日、私の姉／妹はラームに会った（出くわした）」

(Montaut 2004: 196–197)

4.2 与格所有構文 X *ko* Y *honaa*

上例の与格構文の述語は動詞または形容詞であった。述語が存在動詞 *honaa* の場合、与格構文は所有と義務に関わる。本節では所有について扱い、義務については第6章で扱う。（166）は与格構文による所有表現（所有者Xを与格、所有物Yを主格で標示）で、Heine（1997a）のイベント・スキーマでは Goal Schema に当たる（第2章4.3節参照）。

(166) X *ko* Y *honaa*　　　　　　　　　　　　　　　（Goal Schema）

　　「XにYがある ＞ XはYを持っている」

4.2.1　先行研究

X *ko* Y *honaa* について Verma（1997: 116–117）は「（英語の have に相当する構文のうち）体調を表す構文」、Hook（1979: 80）は「経験され、触れることのできないものの所有」、Bhatt（2007: 175）は「抽象的概念の所有」と述べている。また、高橋（2003: 53）はもう少し詳しく「人が自らの意志や理性によって制御できない生理的、身体的、また心理的な何らかの状態を「経験」する時、その経験をする側は与格の後置詞 *ko* を従え、経験される状態が名詞で表わされ、存在動詞がそれに続くことになる」と説明している。以下、具体例を挙げる。

(167) mujh＝ko　　sardii／　buxaar／　sardard　　hai.

　　　1SG＝DAT　　風邪.F.SG　熱.M.SG　　頭痛.M.SG　ある.PRS.3SG

　　「私は風邪を引いている／熱がある／頭痛がする」

(Verma 1997: 117)

(168) mujhe　　　pensliin＝se　　　　　elarjii

　　　1SG.DAT　　ペニシリン＝に対して　アレルギー.F.SG

96

hai.
ある .PRS.3SG

「私はペニシリンに対してアレルギーがある」

(Bhatt 2007: 169)

（169）mujhe　　baRii　　prasanntaa　　hai.
1SG.DAT　　大きな　　喜び .F.SG　　　　ある .PRS.3SG

「私はとてもうれしい（直訳：私に大きな喜びがある）」

(McGregor 1995: 55)

（170）use　　　apne　　　paRosii＝par　　sandeh
3SG.DAT　REFL.GEN　隣人 .M.SG＝LOC　疑い .M.SG

th-aa.
ある .PST-M.SG

「彼は自分の隣人に疑いを持っていた」　　　　　（HJD1291a）

　（167）の「風邪」や「熱」は X ko Y honaa の所有物の代表例で、ほとんどの先行研究に挙げられている。上例から X ko Y honaa で表される所有は Heine（1997a）の抽象物所有（所有物は病気や感覚、心理状態など目に見えない無形の概念：第 2 章 4.1 節参照）に該当する。

4.2.2　感覚・病気

　ヒンディー語には「痛い」「かゆい」に相当する形容詞がなく、dard honaa「痛みがある」、khujlii honaa「かゆみがある」のように「名詞＋存在動詞 honaa」で表される。（167）では複合語の sar＋dard「頭＋痛み＝頭痛」が使われているが、痛みやかゆみの部位を明示する場合は「部位＋ LOC ＋痛み／かゆみ」のように表す。その際、所有者は与格で標示される場合（（171））と属格で標示される場合（（172）-（173））がある。実例では後者のほうが多い。

（171）mujhe　　peT＝mē　　　dard　　　hai.
1SG.DAT　腹 .M.SG＝LOC　痛み .M.SG　ある .PRS.3SG

「私はお腹が痛い」　　　　　　　　　　（町田 2008: 84）

（172）sushiil kumaar＝ke　　kandhe＝mē　　dard
S. クマール .M＝GEN.M　肩 .M.SG＝LOC　痛み .M.SG

第 4 章　存在動詞 honaa を用いた所有構文　　97

hai jabki yogeshvar datt = ke ghuTne = mẽ
ある .PRS.3SG 他方 Y. ダット .M = GEN.M 膝 .M.SG = LOC

dard hai.
痛み .M.SG ある .PRS.3SG

「［レスリング選手の］スシール・クマールは肩に痛みがあり、他方、ヨーゲーシュワル・ダットは膝に痛みがある」

(http://zeenews.india.com/hindi/ (15 Apr 2013))

(173) mere siidhee haath = mẽ khujlii hai.
1SG.GEN.M 右手 .M.SG = LOC かゆみ .F.SG ある .PRS.3SG

「私は右手がかゆい」

(http://books.google.co.jp/books?isbn = 8128807307)

次例は所有物がガン（悪性腫瘍）の例である。ガン細胞は物理的に有形で、医学的に摘出もできるが、言語表現としては風邪や熱の場合と同じく X *ko* Y *honaa* で表される。

(174) us = kii daadii = ko kainsar th-aa.
3SG = GEN.F 父方の祖母 .F = DAT ガン .M.SG ある .PST-M.SG

「彼の祖母はガンだった」 (Bhatt 2007: 175)

(175) maniiShaa = ko garbhaashay = kaa kainsar
マニーシャー.F = DAT 子宮 .M.SG = GEN.M.SG ガン .M.SG

hai.
ある .PRS.3SG

「［映画女優の］マニーシャーは子宮ガンである」

(http://abpnews.newsbullet.in/movies/25-more/40079-2012-12-11-10-38-57)

(176) sutomuu yaamaagucii 93 varSh = ke th-e aur
ツトム・ヤマグチ 93 歳 = GEN.M.PL COP.PST-M.PL AND

unhẽ peT = kaa kainsar th-aa.
3PL.DAT 胃 .M.SG = GEN.M.SG ガン .M.SG ある .PST-M.SG

「山口彊氏*45 は 93 歳で胃ガンだった」 (BBC100106)

痛みやかゆみの部位が「部位＋ LOC ＋痛み／かゆみ」で表されるのに対し、ガンは（175）–（176）のように「部位＋ GEN ＋ガン」のように表されることが多い。ほかに *phephRō kaa kainsar*「肺ガ

ン」、*liivar kaa kainsar*「肝臓ガン」など。

4.2.3　その他の抽象名詞

X *ko* Y *honaa* が使われるのは病気や感覚、心理状態だけではない。ほかにも以下のような抽象的な所有物の例が見られる。

(177) hamẽ　　　samay　　　nahĩĩ　　hai.
　　　1PL.DAT　　時間.M.SG　　NEG　　　ある.PRS.3SG

　　　「私たちは時間がない」　　　　　　　　　　　　　(McGregor 1995: 55)

(178) sanvidhaan＝mẽ　harek＝ko　rozgaar＝kii　　chuuT
　　　憲法.M.SG＝LOC　　各自＝DAT　　職業.M.SG＝GEN.F　自由.F.SG

　　　hai.
　　　ある.PRS.3SG

　　　「憲法では万人が職業［選択］の自由を有する」(HJD1165a)

(179) hamẽ　　　pagRii　　　pahan-ne＝kaa
　　　1PL.DAT　　ターバン.F.SG　着用する-INF.OBL＝GEN.M.SG

　　　adhikaar　hai.
　　　権利.M.SG　ある.PRS.3SG

　　　「我々にはターバンを着用する権利がある＊46」

　　　　　　　　　　　　　　　　　　　　　　　　　　(BBC040102)

(180) logõ＝ko　　is　　　baat＝kii　　jaankaarii　　na
　　　人々＝DAT　　この　　こと＝GEN.F　　情報.F.SG　　　NEG

　　　th-ii.
　　　ある.PST-F.SG

　　　「人々はこのことを知らなかった（情報がなかった）」

　　　　　　　　　　　　　　　　　　　　　　　　　　(HJD0483a)

(181) raat　　so-ne＝se　　　　pahle　shibu＝ko　　paan
　　　夜　　　寝る-INF.OBL＝ABL　前に　　シブ.M＝DAT　　パーン

　　　khaa-ne＝kii　　　　aadat　　hai.
　　　食べる-INF.OBL＝GEN.F　習慣.F.SG　ある.PRS.3SG

　　　「夜寝る前にシブはパーン＊47を噛む習慣がある」

　　　　　　　　　　　　　　　　　　　　(Vikesh Nijhavani, *Bhukh*)

第4章　存在動詞*honaa*を用いた所有構文　　99

（182）sab＝ko　　jiivan＝mẽ　　　pareshaaniyãã　　hãĩ.
　　　全員＝DAT　　人生.M.SG＝LOC　　悩み.F.PL　　　　　　ある.PRS.3PL

　　　「誰もが人生に悩みを持っている」　　　　　　　　（Bhatt 2007: 175）

　X *ke paas* Y *honaa*「Xの近くにYがある」（本章2節）、X *kaa* Y *honaa*「XのYがある」（本章3節）では所有物が具体物で数えることができるため、多くの場合、所有物の前に数詞があり、それに応じて所有物と存在動詞 *honaa* が語形変化した。それに対し、X *ko* Y *honaa*「XにYがある」では所有物は抽象物であるため、基本的に数詞はなく所有物は単数形で現れる（（182）の *pareshaani-yãã*「悩み.F.PL」は複数形で現れている例）。

4.3　X *ko* Y *honaa* のまとめ

　上で見たように X *ko* Y *honaa* は所有物が病気や感覚、心理状態をはじめ、さまざまな抽象物の所有（ABST）に使われる。具体物の所有（PHYS, TEMP, PERM）や所有者が無生物の所有（IN/I, IN/A）には使用できない。分離不可能所有（INAL）にも通常使われないが、高橋（2003: 53）は非標準的な例と断ったうえで、次例を挙げている。

（183）ek　　putrii　　th-ii　　　ham＝ko.＊48
　　　一　　娘.F.SG　　ある.PST-F.SG　　1PL＝DAT

　　　「私たちには娘が1人いた」　　　　　　　　　　（高橋2003: 53）

　以上の結果は表7にまとめられる。X *ke paas* Y *honaa*、X *kaa* Y *honaa* が複数の所有概念を表すのに対し、X *ko* Y *honaa* は1つの所有概念（ABST）しか表さない。

表7　ヒンディー語の所有構文とそれが表す所有概念（3）

構文	起点スキーマ	所有概念（所有の種類）						
		PHYS	TEMP	PERM	INAL	ABST	IN/I	IN/A
ke paas–honaa	Location	+	+	+	−	+ / −	−	−
kaa–honaa	Genitive	−	−	−	+	+ / −	+	−
ko–honaa	Goal	−	−	−	−	+	−	−

5. 全体 – 部分関係の所有構文 X *mẽ* Y *honaa*

5.1 内在的特性

前節では所有物が目に見えない抽象物の所有構文 X *ko* Y *honaa* を考察した。ヒンディー語にはもう1つ、抽象物の所有に使われる構文がある（（184））。

(184) X *mẽ* Y *honaa* （Location Schema）

　　　「X（の中）にYがある ＞ XはYを持っている」

mẽ は場所や時間の範囲を示す所格後置詞で＊49、英語の前置詞 in に相当する（（185））。

(185) san　　1994＝mẽ　　māĩ　 jaapaan＝mẽ　　th-ii.

　　　西暦　　1994＝LOC　　1SG　 日本＝LOC　　　ある.PST-F.SG

　　　「1994年に私は日本にいた」　　　　　　　　　　（Kumar 1997: 244）

X *mẽ* Y *honaa* は通常、「場所XにYがある／いる」ことを表す場所存在文として使われる（（186）–（187））。

(186) is　　shahar＝mẽ　　tiin　　sinemaaghar　　hāĩ.

　　　この　都市.M.SG＝LOC　　三　　映画館.M.PL　　　ある.PRS.3PL

　　　「この町には映画館が3つある」　　　　　　　　（Jain 2000: 83）

(187) kamre＝mẽ　　　do　　chaatr　　　　hāĩ.

　　　部屋.M.SG＝LOC　　二　　生徒；学生.M.PL　　ある.PRS.3PL

　　　「部屋に生徒が2人いる」　　　　　　　　　　　（Jain 2000: 83）

しかし、Xが有生物の場合、当該の構文はある種の所有を表す。例は以下の通りである。

(188) us＝mẽ　　baRaa　　dhairy　　　hai.

　　　3SG＝LOC　　大きな　　忍耐力.M.SG　　ある.PRS.3SG

　　　「彼はとても忍耐強い（直訳：彼（の中）に大きな忍耐力がある）」　　　　　　　　　　　　　　　　（Kachru 2006: 194）

(189) is　　laRke＝mẽ　　　kaafii　　xaraabiyāā＝bhii

　　　この　　男の子.M.SG＝LOC　　多くの　　欠点.F.PL＝INCL FOC

　　　hāĩ,　　　　acchaaiyāā＝bhii　　hāĩ.

　　　ある.PRS.3PL　　長所.F.PL＝INCL FOC　　ある.PRS.3PL

　　　「この男の子にはたくさんの短所もあり、長所もある」

(Montaut 2004: 205)

（190）haathiyõ = mẽ　　baRii　　taaqat　　ho-tii　　　hai.
象.M.PL = LOC　　大きな　力.F.SG　ある -IMPF.F　AUX.PRS.3SG

「象はとても力持ちだ（直訳：象には大きな力があるもの
だ）」
(Hook 1979: 81)

（191）kuttõ = mẽ　　sũũgh-ne = kii　　　　adbhut
犬.M.PL = LOC　臭いをかぐ -INF.OBL = GEN.F　驚くべき

kShamtaa　　ho-tii　　　hai.
能力.F.SG　ある -IMPF.F　AUX.PRS.3SG

「犬は驚異的な嗅覚を持っている（ものだ）」　（BBC130314）

（188）–（189）は個人が持つ特性の表現、（190）–（191）は象
や犬が持つ一般的特性の表現になっている。そのため、（190）の
象、（191）の犬は複数形で表され、述語は「honaa の未完了形 +
助動詞 honaa」（本章 3.2.4 節参照）で表されている。

5.2　先行研究

既述の 3 構文（X ke paas Y honaa、X kaa Y honaa、X ko Y ho-
naa）に比べ、X mẽ Y honaa を所有構文として扱っている先行研
究は少ない。Montaut（2004: 205）は X ke paas Y honaa と X mẽ
Y honaa を比較し、前者が獲得したものの所有（偶然的・非内在
的）であるのに対し、後者は非偶然的で内在的な性質の所有である
と分析している。

Kachru（2006: 193–194）は X mẽ Y honaa と X ko Y honaa を
比較し、抽象名詞 Y が saahas「勇気」、dayaa「親切心」、karuNaa
「同情；慈悲」、udaartaa「寛大さ」などの恒常的属性の場合は mẽ
が使われ、gussaa「怒り」、xushii「喜び」、dukh「悲しみ」、afsos
「悲しみ；遺憾」など一時的な感覚・経験の場合は ko が使われると
述べている。

Mohanan（1994: 172）は ko が一時的状態を表し、mẽ が恒常的
属性を表すことを示すミニマルペアを挙げている（（192））。

（192）a.　niinaa = ko　　　bhay　　hai.
ニーナー.F = DAT　恐れ.M.SG　ある.PRS.3SG

102

「ニーナーは恐れている」

b. niinaa = **mē**　　 bhay　　 hai.
　 ニーナー.F = LOC　　恐れ.M.SG　　ある.PRS.3SG

「ニーナーは怖がりだ」　　　　　　　　（Mohanan 1994: 172）

　そのほか、Hook（1979: 81）は「内在的特性の所有」（例は
（190））、Agnihotri（2007: 190）は「特定の抽象物所有」（例は
kamii「欠点」、*saahas*「勇気」）が X *mē* Y *honaa* で表されると記
述している。

5.3　本書の立場

　本章 5.1 節で述べたように X *mē* Y *honaa* は通常、場所存在文と
して使われるため、（188）–（191）は所有文ではないという考え
もあるだろう。しかし、これらの例は Heine（1997a）が示した所
有のプロトタイプ特性（第 2 章 4.2 節）のうち、以下の 2～3 項目
に該当する。

　I　　所有者は人間である。

　IV　所有者と所有物は空間的に近接している。

　V　　所有には時間的制限が考えられない。

　I については（190）–（191）のように所有者が人間以外の例も
見られるが、典型的には人間である。IV については所有物（特性）
は所有者に内在している。V については先行研究も指摘しているよ
うに恒常的である。また、次例のように所有者 X は再帰代名詞の
属格 *apnaa*「自分の」の先行詞になり、主語特性を持つ。

（193）viiresh = mē　　　　　 apne　　 pitaa = ke　 saamne
　　　 ヴィーレーシュ.M = LOC　　REFL.GEN　父 = GEN　　正面に

　　　 aa-ne = kii　　　　　 himmat　 nahĩĩ　 hai.
　　　 来る-INF.OBL = GEN.F　勇気.F.SG　 NEG　　ある.PRS.3SG

「ヴィーレーシュは自分の父親に立ち向かう勇気がない」

（Kachru 1990: 62）

　以上のことから本書では上に挙げた X *mē* Y *honaa* を所有構文と
して扱う。なお、X *mē* Y *honaa* の用例では X が無生物の例も見ら
れる。

（194）aam＝mē　　　miThaas　　　hai.
マンゴー.M.SG＝LOC　甘さ；甘味.F.SG　ある.PRS.3SG

「マンゴーには甘味がある」　　　　　　　（Kumar 1997: 242）

（195）phuulō＝mē　　sugandh　　hai.
花.M.PL＝LOC　芳香.F.SG　ある.PRS.3SG

「花には良い香りがある」　　　　　　　　（Kumar 1997: 243）

（196）paudhō＝mē　　zamiin　　aur　　havaa＝se　　apne
草；木.M.PL＝LOC　土地.F.SG　AND　空気.F.SG＝ABL　REFL.GEN

lie　　　upyogii　　avyavō＝ko　　alag kar
ために　有用な　　成分.M.PL＝ACC　分離する.CONJP

le-ne＝kii　　　　kShamtaa　　ho-tii　　　hai.
取る-INF.OBL＝GEN.F　能力.F.SG　ある-IMPF.F　AUX.PRS.3SG

「草木には大地と空気から自分に有用な成分を分離して摂
取する力がある」　　　　　　　　　　　　　（HJD0060a）

　Kumar（1997: 242）は後置詞 *mē* の用法の中で（194）–（195）
ほかを挙げ、「自然の性質」としてまとめている。所有者Xが有生
物か無生物かという違いはあるが、これは（188）–（191）の「内
在的特性」と意味的に非常に似ており、所有の一種として扱いたい。
しかし、（194）–（196）はXが無生物でYが抽象物＊50であるた
め、Heine（1997a）の所有概念では抽象物所有（ABST）にも無生
物分離不可能所有（IN/I）にも分類することができない（所有概念
のプロトタイプ特性（第2章4.2節の表1）によれば、ABST の所有
者は人間（有生物）である。また、IN/I の所有物は具体物である。
つまり、Heine（1997a）では「無生物による抽象物の所有」は所
有概念として区別されていない）。

5.4　全体－部分関係

　岸本・影山（2011: 260）は英語の be（there 構文）を用いた所
有関係の例として（197）を挙げ、以下のように説明している。

（197）a. There are five bedrooms in this house.（＝This house
　　　　　has five bedrooms.）

　　　b. There is no error in this proof.（＝This proof has no

error.）

（197a）は、5つの寝室がその家にあることを表しているわけであるが、寝室は家から取り外すことはできない。また、（197b）の校正原稿（proof）の間違いは、原稿の一部を成すものである。そうすると、（197）の2文は、単なる位置関係を規定するのではなく、場所（this house, this proof）に付随する所有関係あるいは全体−部分関係を表していることになる。もちろん、このような文は、（197）の例のあとの括弧内の書き換えで示されているように、have を用いて言い換えることができる。 （岸本・影山 2011: 260）

ヒンディー語の X mẽ Y honaa でも以下のような例が見られる。

（198）raakesh　　　　jii = mẽ　　　roshan　　　xaandaan = kaa
　　　ラーケーシュ.M　　HON = LOC　　ローシャン　　家 = GEN.M.SG

　　　xuun　　hai.
　　　血 .M.SG　　ある .PRS.3SG

　　　「ラーケーシュ氏*51はローシャン家の血を持っている
　　　（ひいている）」　　　（http://m.ibnkhabar.com/news/105235/6/）

（199）gulaab = mẽ　　　kããTe　　　ho-te = hii
　　　バラ .M.SG = LOC　　とげ .M.PL　　ある -IMPF.M.PL = EXCL FOC

　　　hãĩ.
　　　AUX.PRS.3PL

　　　「バラにはとげがあるものだ」　　　（Premchand, *Jeevan ka shap*）

（200）kamre = mẽ　　　caar　　diivaarẽ,　　ek　　chat,　　　ek
　　　部屋 .M.SG = LOC　　4　　　壁 .F.PL　　　一　　天井 .F.SG　　一

　　　choTii　khiRkii　aur　　ek　　darvaazaa　th-aa.
　　　小さい　窓 .F.SG　　AND　　一　　ドア .M.SG　　ある .PST-M.SG

　　　「部屋には4面の壁、1つの天井、1つの小さい窓、1つのドアがあった」　　　（Deepak Srivastava, *Kamra, samp aur admi*）

（201）shaalimaar　　hoTal = mẽ　　Dhaaii sau　　kamre
　　　シャーリマール　　ホテル = LOC　　250　　　　部屋 .M.PL

　　　hãĩ.
　　　ある .PRS.3PL

「シャーリマールホテルは 250 室ある」　　　（Hook 1979: 81）

（198）は分離不可能所有（INAL）の例であるが（所有者が人間で所有物が身体部分）、ほかにどのような身体部分が X *mē* Y *honaa* で表されるのか不明である。（199）–（201）は無生物分離不可能所有（IN/I）の例である。（199）の「部屋－壁」、（200）の「バラ－とげ」の関係については所格後置詞 *mē* を属格後置詞 *kaa* に置き換える（分離不可能所有の構文 X *kaa* Y *honaa* で表す）ことが可能である（次例）。

（202）kamre = **kii**　　　tiin = hii　　　diivaarē　　　hāĩ.
部屋 .M.SG = GEN.F　　三 = EXCL FOC　　壁 .F.PL　　　ある .PRS.3PL

「部屋には壁が 3 面しかない」　　　（Masica 1991: 359）

（203）har　　gulaab = **ke**　　　phuul = **kii**
各　　　バラ .M.SG = GEN.M.PL　花 .M.SG = GEN.F

rakShaa = ke lie　　　kuch　　　kāāTe
防御 ; 保護 .F.SG = のために　いくつかの　とげ .M.PL

ho-te　　　hāĩ.
ある -IMPF.M.PL　AUX.PRS.3PL

「どのバラにも花を守るためにいくつかのとげがある」

（http://www.guldusta.com/Kahaniyan_8.htm）

しかし、インフォーマントによると、（201）の「ホテル－部屋」の関係は X *kaa* Y *honaa* で表すことはできないという。この違いが何に起因するのか、現段階ではデータが少なくわからない。今後、さらに用例を集めて考察したい。

5.5　X *mē* Y *honaa* のまとめ

X *mē* Y *honaa* は「場所 X に Y がある／いる」ことを表す場所存在文であるが、X が有生物の場合、内在的な特性の所有を表す（抽象物所有（ABST）に該当する）。与格所有構文 X *ko* Y *honaa*「X に Y がある」（本章4.2節）が病気や感覚、心理状態のほか、さまざまな抽象名詞をとることができるのに対し、X *mē* Y *honaa* は限られた抽象名詞しかとることができない。例えば次例（204）で *ko* は使用できるが、*mē* は使用できない。

（204）niinaa　　　=ko /*mẽ　　bahut　　khããsii　　hai.

　　　　ニーナー.F　　=DAT/LOC　　多くの　　咳.F.SG　　ある.PRS.3SG

　　「ニーナーはたくさん咳が出る」　　（Mohanan 1994: 172）

　X *mẽ* Y *honaa* はまた、分離不可能所有（INAL）の一部（身体部分）と無生物分離不可能所有（IN/I）を表す。以上の結果は表8にまとめられる。X *mẽ* Y *honaa* は限定的な INAL と ABST を表すので'＋/−'でマーク、IN/I については'＋'でマークする。

表8　ヒンディー語の所有構文とそれが表す所有概念（4）

構文	起点スキーマ	所有概念（所有の種類）						
		PHYS	TEMP	PERM	INAL	ABST	IN/I	IN/A
ke paas–honaa	Location	+	+	+	−	+ / −	−	−
kaa–honaa	Genitive	−	−	−	+	+ / −	+	−
ko–honaa	Goal	−	−	−	−	+	−	−
mẽ–honaa	Location	−	−	−	+ / −	+ / −	+	−

　X *mẽ* Y *honaa* が表す所有関係は、Heine（1997a）の所有概念では INAL, ABST, IN/I の3つにまたがるが、まとめると「全体−部分関係」と言うことができる（内在的特性も所有者の一部である）。

6. 物理的所有の構文 X *ke haath mẽ* Y *honaa*

　これまで考察した所有構文は先行研究に記述のあるものであった。本節では先行研究に記述のない身体名詞 *haath*「手」を用いた所有構文を考察する。

6.1　身体名詞を用いた所有構文

　Heine（1997a: 50–53）は Location Schema に関する記述の中で、Location Schema には（205）のような2つの一般的なサブスキーマがあると述べ、その例として（206）–（207）を挙げている。

　（205）a.　Y is at X's home 　　> X has, owns Y

　　　　 b.　Y is at X's body-part > X has, owns Y（Heine 1997a: 51）

(206) So（Kuliak, Nilo-Saharan; Carlin 1993: 68, quoted by
　　　Heine 1997a: 52）

　　　mek　　　Auca　　　eo- a　　　kus-in.
　　　NEG.be:at　Auca　　　home-LOC　skin-PL

　　　'Auca has no clothes.'

(207) a.　Kpelle（Mande, Niger-Congo; Welmers 1973: 316）

　　　　　sɛŋ-kâu　　káa　　ń-yée-ì.
　　　　　money　　be.at　my-hand-LOC

　　　　　'I have money.'

　　　b.　Gisiga（Chadic, Afro-Asiatic; Lukas 1970: 37）

　　　　　du　　　'a　　　vəɗo.
　　　　　millet　at　　body-my

　　　　　'I have millet.'

　　Heine（1997a: 117–132）は上例のほかに身体名詞を用いた所有
構文の事例としてマンディング語（*kùn* 'head', *bolo* 'hand, arm'）
とエウェ語（*así* 'hand'）を詳しく考察している。マンディング語
の場合、Y *bɛ* X *kùn*（Y is on X's head）という構文は物理的所有を
表し（(208a)）、Y *bɛ* X *bolo*（Y is in X's hand）という構文は物理
的所有、一時的所有、永続的所有、分離不可能所有（親族（208b）
は可、身体部分は不可）など、さまざまな所有概念を表す（Heine
1997a: 118–120）。

(208) Manding（Mande, Niger-Congo; Kastenholz 1988: 195,
　　　200）

　　　a.　mùru　　bɛ　　　mùso　　kùn.
　　　　　knife　　be.at　woman　head

　　　　　'The woman has a knife（on her）.'

　　　b.　mùso　　bɛ　　　ń　　　bolo.
　　　　　woman　be.at　my　　hand

　　　　　'I have a wife.'

　　Heine and Kuteva（2002: 167）は HAND を含む表現から叙述所
有への文法化の例について、「これまで、アフリカの言語からの例
だけが見つかっており、おそらくこれは地域的に引き起こされたプ

108

ロセスであろう」と述べている。しかし、以下に示すようにインドの言語にも HAND を用いた所有構文が見られる。(209)－(210)はベンガル語の例である。

(209) Bengali（Indic, Indo-European; Hudson 1965: 48）

tomār	**hāte**	ki	pɔeʃā	āche?
2SG.GEN	hand.LOC	Q	money	be.PRS.3SG

'Have you got money?'

(210)

tāi	**hāte**	beʃī	ʃɔmoe	chi-lo	nā.
だから	手.loc	たくさんの	時間	ある.PST-3	NEG

「それであまり時間がありませんでした」

（町田・丹羽 2004: 89）

Masica（1991: 359）はインド・アーリア諸語の場所表現を用いた所有構文について、「場所表現は通常『近く』を表すが、ベンガル語とアッサム語はより身体志向の『手に』を好む」と述べている。

HAND を用いた所有構文はドラヴィダ語族の言語にも見られる。次例はマラヤーラム語の例である。

(211) Malayalam（Dravidian, Elamo-Dravidian; Asher and Kumari 1997: 175）

enr̠e	**kayyil**	paɳam	uɳʈə.
I-GEN	hand.LOC	money	be.PRES

'I have money on me.'

上記を踏まえ、ヒンディー語について考える。先行研究に記述はないが、ヒンディー語にも HAND を用いた所有構文が見られる。

(212) X *ke haath mē* Y *honaa*　（Location Schema）

　　「X の手（の中）に Y がある ＞ X は Y を持っている」

ke は属格後置詞 *kaa* の斜格形、*haath* は「手」、*mē* は英語の前置詞 in に相当する所格後置詞で、X *ke haath mē* で「X の手（の中）に」を意味する。上記の構文は Heine（1997a）のイベント・スキーマでは Location Schema に該当する（第 2 章 4.3 節参照）。

6.2　X *ke haath mē* Y *honaa* が表す所有概念

次に X *ke haath mē* Y *honaa*（以下、*haath mē–honaa* と略記す

る）の具体例を示す。

(213) itne＝mẽ　　　kaatyaaynii　　　kamre＝mẽ
　　　ちょうどその時　カーティヤーイニー.F　部屋＝LOC

　　　aa pahũc-ii.　　　roz＝kii tarah　us＝ke　　haath＝mẽ
　　　やってくる -PFV.F.SG　いつものように　3SG＝GEN　手 .M.SG＝LOC

　　　pustakẽ　　aur　　Tifin　　　th-aa.
　　　本 .F.PL　　　AND　　昼食 .M.SG　　ある .PST-M.SG

　　　「ちょうどその時、カーティヤーイニーが部屋にやってき
　　　た。いつものように彼女は本と昼食を持っていた」

　　　　　　　　　　　　　　　　　　　　　　　　（CFILT1172）

(214) sab＝ne　　vardii　　pahan　　rakh-ii　　　　hai
　　　全員＝ERG　制服 .F.SG　着る　　　置く -PFV.F.SG　AUX.PRS.3SG

　　　aur　　sab＝ke　　haathõ＝mẽ　　banduuqẽ
　　　AND　　全員＝GEN　手 .M.PL＝LOC　　マスケット銃 .F.PL

　　　hãĩ.
　　　ある .PRS.3PL

　　　「［インドの武装革命至上主義者（ナクサライト）の若者］
　　　全員が制服を着ており、マスケット銃を持っている」

　　　　　　　　　　　　　　　　　　　　　　　　（BBC060607）

(215) "mãĩ　　iskul＝kaa　　laRkaa　　　hũũ,"...
　　　1SG　　学校＝GEN　　生徒 .M.SG　　COP.PRS.3SG

　　　"skuul＝kaa　　laRkaa　　hai　　　　to　　　haath＝mẽ
　　　学校＝GEN　　　生徒 .M.SG　　COP.PRS.2SG　CONJ　手 .M.SG＝LOC

　　　kitaab-sileT　　kyõ　　nahĩĩ?"
　　　本 .F.SG- 石版 .F.SG　なぜ　　NEG

　　　「『僕は学校の生徒です』『学校の生徒なら、なぜ本や石版
　　　を持ってないんだい？』」　　　　　　　　　（CFILT1151）

(216) kaafii der baad　vah　aadmii　jab　dobaaraa　baahar
　　　だいぶたって　　その　男 .M.SG　時　再び　　　外に

　　　aa-yaa　　　　to　　　haath＝mẽ　　tiin
　　　来る -PFV.M.SG　CONJ　手 .M.SG＝LOC　三

plaasTik=kii	kursiyãā	th-ĩĩ.
プラスチック=GEN.F	椅子.F.PL	ある.PST-F.PL

「だいぶたってその男が再び外に来た時、プラスチック製の椅子を3つ持っていた」　　　(S. R. Harnot, *Jin kathi*)

次の図4はヒンディー語の教科書（6年生用＊52）の一部である。この課では形容詞の使い方が示されており、本文では「**黒い**雲が空を覆っています。**大小数本の**木があります」のように挿絵の内容が説明されている（太字部分は形容詞と数詞）。(217)は本文の最後、牛飼いの少年について述べた文である。

図4　ヒンディー語教科書の挿絵と本文

(217)
gvaalaa=ke	haath=mẽ	lambii	laaThii
牛飼い.M.SG=GEN	手.M.SG=LOC	長い	棒.F.SG

hai.
ある.PRS.3SG

「牛飼いは長い棒を持っている」

(Hindi (*dvitiiy bhaaShaa*) kakShaa 6 sem1: 42)

haath mẽ-honaa は典型的には上例のように「当該時点において所有者が所有物を現に持っている／いない」ことを表す場面で使われる。Heine（1997a）の所有概念では物理的所有（PHYS）に該当

第4章　存在動詞 *honaa* を用いた所有構文　111

する。インフォーマントに確認したところ、haath mẽ-honaa は所有物が手にないと使用できない。例えば、所有物がポケットやカバンの中にある時は haath mẽ-honaa は使用できず、X ke paas Y honaa「Xの近くにYがある」（本章2節）で表すという。したがって、haath mẽ-honaa は所有物が具体物の場合、物理的所有に限定され、一時的所有や永続的所有を表すことはできない。

6.3　所有物の制約

次の図5は「象と6人の盲人」という話の挿絵である。

図5　「象と6人の盲人」の挿絵＊53

象がどんなものか知らない盲人たちはそれぞれ象の体の異なる部分に触れ、「象とは柱のようなものだ（脚）」「象とは縄のようなものだ（尻尾）」「象とは壁のようなものだ（腹）」……と自分の意見を主張し、ついには口論になってしまう（その後、知恵者の登場で問題は解決する）。この話のまとめ部分に次のようにある。「今度、あなたがこのような何かの口論になった時には思い出してください。ひょっとしてあなたは尻尾だけ持っていて、残りの部分は誰かほかの人が持っているのではないだろうかと」。(218)は下線部分の原文である。

(218) aap = ke　　　haath = mē　　sirf　pūūch　　hai
　　　2PL.HON = GEN　手.M.SG = LOC　だけ　尻尾.F.SG　ある.PRS.3SG

　　　aur　　baaqii　　hisse　　　kisii　　aur = ke　　　paas
　　　AND　　残りの　　部分.M.PL　INDEF　ほかの人 = GEN　近くに

　　　hāī.
　　　ある.PRS.3PL

　　　「あなたは尻尾だけ持っていて、残りの部分は誰かほかの
　　　人が持っている」

（http://www.achhikhabar.com/2012/09/16/elephant-and-blind-men-
story-in-hindi/）

　上例の前半の節（尻尾の所有）では *haath mē–honaa* が使われ、
後半の節（残りの部分の所有）では *ke paas–honaa* が使われている。
このような並列は *haath mē–honaa* が *ke paas–honaa* と同じく所有
構文であることを示す重要な証拠である。それでは両者の違いは何
であろうか。上例（213）–（218）およびほかの用例から、*haath
mē–honaa* にはまだ *haath* 「手」の語彙的意味が残っており、所有
物は手で持てるものに限られるという制約があると考えられる（コー
パスの用例でも車のように手で持てない所有物の例は見られなかっ
た）。図 5 の腹（壁）や脚（柱）は手で持てない。したがって、
（218）の後半では *ke paas–honaa* が使われていると考えられる
（*ke paas–honaa* には所有物の大きさによる制約はない）。

　ある語が文法化する以前に持っていた語彙的意味の持続（per-
sistence）はさまざまな言語に見られ（cf. Hopper and Traugott
2003: 96–97）、前述のマンディング語の所有構文にも見られる。
先に述べたようにマンディング語では *kùn* 'head' と *bolo* 'hand,
arm' が所有構文の一部をなしている。このうち、*kùn* を用いた構
文の使用は物理的所有に限られ、さらに所有物が頭に載せて運べる
大きさであることが求められる（上例（208a））。したがって、
（219）は不適格な文となり、所有物（車）がおもちゃであるか、
所有者が巨人であると考えるなら適格な文となる（Heine 1997a:
119）。

第 4 章　存在動詞 *honaa* を用いた所有構文　　113

(219) Manding (Mande, Niger-Congo; Bird 1972:4, quoted by Heine 1997a: 119)

? mobili ` bε Baba kùn.
  car   the be.at Baba head

'Baba has the car.'

6.4 抽象物所有

コーパスの用例では *haath mē–honaa* の所有物の大半が具体物であるが、以下のような抽象物（「力」に関する抽象名詞）の例も見られる。

(220) "vaah,   kyaa   pakauRe   hāĩ.
    INTJ   何という   パコーラー.M.PL   COP.PRS.3PL

bhaabhii = ke   haath = mē = to   jaaduu
奥さん = GEN   手.M.SG = LOC = TOP   魔力 ; 不思議な力.M.SG

hai."
ある .PRS.3SG

「わあ、何て［おいしい］パコーラー（揚げ物料理）だ。奥さんはすごい能力をお持ちですね」　　　　　　　　（CFILT0835）

(221) agar   mere   haath = mē   adhikaar
    もし   1SG.GEN   手.M.SG = LOC   権力 ; 権限.M.SG

ho-taa,   to   sabõ = ko   jahannum
ある -IMPF.M.SG   CONJ   全員 = ACC   地獄 .M.SG

rasiid kar   de-taa.
届ける   与える -IMPF.M.SG

「もし俺に権力があったら、全員地獄に送ってやるのに」
　　　　　　　　　　　　　　　　　　　　　　（CFILT1238）

こうした例は *haath mē–honaa* の比喩的拡張の結果と考えられる。

6.5 語順と意味の違い

X *ke haath mē* Y *honaa*「X の手（の中）に Y がある」の所有物 Y が主題化し、Y X *ke haath mē honaa*「Y は X の手（の中）にある」の語順で現れた場合、Y が具体物か抽象物かで文の意味に違い

が生じる。Yが具体物の場合、当該の文は所有を意味するが
（(222)－(223)）、Yが抽象物や名詞化された句の場合、「YはX
の手にかかっている」（XによってYが決まる）という意味を表
す*54（(224)－(226)）。

(222) us＝kii caabii mere haath＝mẽ hai.
3SG＝GEN.F 鍵.F.SG 1SG.GEN 手.M.SG＝LOC ある.PRS.3SG

「それの鍵は私が持っている」

(Tejendra Sharma, *Iton ka jangal*)

(223) duusraa koii hathiyaar un＝ke haath＝mẽ
ほかの INDEF 武器.M.SG 3PL＝GEN 手.M.SG＝LOC

hai.   nahĩĩ.
ある.PRS.3SG NEG

「何もほかの武器は彼らは持っていない」(Premchand, *Bohni*)

(224) ab bhaviShy naii piiRhii＝ke haath＝mẽ
今や 未来.M.SG 新しい 世代.F.SG＝GEN 手.M.SG＝LOC

hai.
ある.PRS.3SG

「今や未来は新しい世代の手にかかっている」（CFILT0501）

(225) apnii beTiyõ＝kii dekhbhaal kar-o. un＝kii
REFL.GEN 娘.F.PL＝GEN 保護.F.SG する-IMP 3PL＝GEN

surakShaa aap＝ke haath＝mẽ hai.
安全.F.SG 2PL.HON＝GEN 手.M.SG＝LOC ある.PRS.3SG

「自分の娘たちを守りなさい。彼女たちの安全はあなたの
手にかかっている」   （BBC060601）

(226) apne vyaktitv＝ko prabhaavshaalii va aakarShak
REFL.GEN 個性.M.SG＝ACC 印象的 AND 魅力的

banaa-naa aap＝ke svayā＝ke haath＝mẽ
作る-INF 2PL.HON＝GEN 自身＝GEN 手.M.SG＝LOC

hai.
ある.PRS.3SG

「あなたの個性を印象的で魅力的なものにするのはあなた
自身の手にかかっている」   （CFILT0418）

6.6　X *ke haath mẽ* Y *honaa* のまとめ

本節では身体名詞 *haath*「手」を使った所有構文を考察した。Heine and Kuteva（2002: 166–167）は HAND を含む表現から叙述所有への文法化の例について、これまでアフリカの言語でしか見つかっていないと述べているが、本節ではインドの言語にも HAND を使った所有構文があることを示し、ヒンディー語の *haath mẽ-honaa* が表す所有概念を明らかにした。*haath mẽ-honaa* は物理的所有（PHYS）と一部の抽象物所有（ABST）を表すが、*haath* の語彙的意味が残っており、*ke paas-honaa* ほど文法化した所有構文にはなっていない。しかし、*ke paas-honaa* は所有物が具体物の場合、物理的所有（PHYS）、一時的所有（TEMP）、永続的所有（PERM）の区別をしない（本章2.3.2節）ため、物理的所有（PHYS）を明示する構文として *haath mẽ-honaa* は重要である。

7.　まとめ

以上、本章では Heine（1997a）の文法化理論と所有の類型に基づき、ヒンディー語の存在動詞 *honaa* を用いた5つの所有構文を分析・考察した。以下、各構文に関する本章の記述を整理する。

ヒンディー語には英語の have に相当する動詞がなく、所有は存在動詞 *honaa* を用いて表される。その際、所有者 X は所有物 Y の属性あるいは Y との関係によって異なる格で標示される。まず、X *ke paas* Y *honaa*「X の近くに Y がある」は Location Schema の構文で、ヒンディー語の典型的な所有構文である。主として分離可能な具体物（移動可能物）の所有に使われるが、土地・建物などの移動不可能物や抽象物所有（例：時間、権利、力）にも使われ、使用の拡張が見られる。

次に、X *kaa* Y *honaa*「X の Y がある」は Genitive Schema の構文で、分離不可能所有（無生物も含む）に使われる。また、抽象物所有（思考に関する名詞と一部の抽象名詞）にも使われる。X *kaa* Y *honaa* は限定所有（X *kaa* Y）を利用した構文であるが、音声的、統語的に限定所有との違いが見られる。X *kaa* Y *honaa* には属格後

置詞 *kaa* と Y との文法的なつながり（一致）がなくなった変種 X *ke* Y *honaa* があり、親族、身体部分など典型的な分離不可能所有で使われる。

X *ko* Y *honaa*「XにYがある」は Goal Schema の構文で、病気や感覚、心理状態をはじめ、抽象的な概念の所有に広く使われる。しかし、抽象物所有以外の所有概念は表さない。

以上の3つの構文がヒンディー語の主要な所有構文である。本章ではこのほかに2つの構文を取り上げた。1つは X *mē* Y *honaa*「X（の中）にYがある」で、Location Schema の構文である。これは所有者に内在する特性（例：忍耐力、長所・短所）の所有に使われる。X *ko* Y *honaa* の所有物が一時的状態の傾向があるのに対し、X *mē* Y *honaa* の所有物は恒常的属性である。X *mē* Y *honaa* はまた、分離不可能所有の一部（身体部分）と無生物分離不可能所有を表す。X *mē* Y *honaa* はもともと「場所XにYがある／いる」ことを表す場所存在文であるため、これを所有構文とみなすかどうかは重要な点であるが、本書では所有のプロトタイプ特性や統語的振る舞いから判断し、これを所有構文として扱った。

もう1つの X *ke haath mē* Y *honaa*「Xの手（の中）にYがある」も Location Schema の構文である。この構文は物理的所有を表す。また、「力」に関する抽象物の所有にも使われる。以上の結果は表9にまとめられる。

表9　ヒンディー語の所有構文とそれが表す所有概念（5）

構文	起点スキーマ	所有概念（所有の種類）						
		PHYS	TEMP	PERM	INAL	ABST	IN/I	IN/A
ke paas–honaa	Location	+	+	+	−	+/−	−	−
kaa–honaa	Genitive	−	−	+	+/−	+	−	−
ko–honaa	Goal	−	−	−	−	+	−	−
mē–honaa	Location	−	−	−	+/−	+/−	+	−
haath mē–honaa	Location	+	−	−	−	+/−	−	−

表9と本章の記述から次のことが言える。

（ⅰ）ヒンディー語には存在動詞 *honaa* を用いた5つの所有構文

が認められる。Heine（1997a）が所有構文の起点として挙げた8つのイベント・スキーマのうち、Location Schema、Genitive Schema、Goal Schema の3つが使われており、特に Location Schema がよく使われている *55。

（ⅱ）主要な3構文（*ke paas–honaa, kaa–honaa, ko–honaa*）の'+'マークを見ると、各構文とそれが表す所有概念は相補分布している。

（ⅲ）*ke paas–honaa* と *haath mē–honaa* は PHYS で競合しているが、前者は PHYS, TEMP, PERM を区別しないため、後者は現に持っていることを明示する機能を持つ。

（ⅳ）複数の構文で具体物の所有から抽象物の所有へ使用が拡張している。

    a. *ke paas–honaa*   PHYS, TEMP, PERM $>$ ABST

    b. *kaa–honaa*   INAL, IN/I $>$ ABST

    c. *haath mē–honaa*   PHYS $>$ ABST

Heine（1997a: 233）によれば、Location Schema に基づく構文の所有概念は、PHYS $>$ TEMP $>$ PERM $>$ INAL, ABST の方向へ（表の左から右へ）発達することが予測される。ヒンディー語の場合、*ke paas–honaa* については適合するが、*haath mē–honaa* については TEMP, PERM を経ずに ABST に拡張している。しかし、本章6.4節で見たように、*haath mē–honaa* の ABST への拡張は文法的な発達と言うよりも比喩的な拡張である。

（ⅴ）上記（ⅳ）の結果、すべての構文が ABST に関与する。*ko–honaa* は最も多くの抽象物をカバーする構文であり、次いで *ke paas–honaa* が使用の拡張により、よく使用される。*kaa–honaa* と *mē–honaa* が使われる抽象物は *ko–honaa* とは異なる。「力」に関する抽象名詞（力、能力、権力など）は構文の使用に重なりが見られる。

（ⅵ）ヒンディー語には無生物分離可能所有（IN/A）を表す構文はない。Heine（1997a: 33–35）が提案した7つの所有概念（第2章4.1節）は通言語的・通文化的に区別されやすいと

いうもので、すべての言語にこれらの所有概念を表す構文があるわけではない。とりわけ IN/A は 7 つの所有概念の中で最もプロトタイプ性が低い（第 2 章 4.2 節）。

8. 複数の構文の併存について

最後に、ヒンディー語に複数の所有構文が併存していることについて考察を加える。Heine（1997a）は、ある言語に 2 つ以上の所有構文があることはごく普通のことであり、それらが競合することもあるが、一般的には新たな所有構文の発生に伴い、既存の所有構文が次第に特定の用法、とりわけ抽象物所有に限られるようになると述べている（p. 109、例はラテン語の *mihi est*「私に（〜が）ある」構文。第 6 章 3 節で取り上げる）。また、分離不可能所有、抽象物所有のような所有概念は物理的所有、一時的所有よりも後に発達するため、分離不可能所有、抽象物所有を表す構文は古い可能性があると述べている（pp. 232–233）。これに従えば、ヒンディー語の所有構文の発達において、抽象物所有に使われる *ko-honaa*、分離不可能所有に使われる *kaa-honaa* や *mē-honaa* が歴史的に古く、*ke paas-honaa* や *haath mē-honaa* は後発の新しい構文と考えられる（形態的にも ko, kaa, mē が単純後置詞であるのに対し、*ke paas*「〜の近くに」や *ke haath mē*「〜の手（の中）に」は分析的・迂言的な複合後置詞／場所表現である）。

表 9 を起点スキーマごとに並べ替えると（表 10）、各構文が表す所有概念の分布や重なりが見やすくなる。

表 10　ヒンディー語の所有構文とそれが表す所有概念（6）

構文	起点スキーマ	所有概念（所有の種類）						
		PHYS	TEMP	PERM	INAL	ABST	IN/I	IN/A
ko-honaa	Goal	−	−	−	−	+	−	−
kaa-honaa	Genitive	−	−	+	+ / −	+ / −	+	−
mē-honaa	Location	−	−	−	+ / −	+ / −	+	−
ke paas-honaa	Location	+	+	+	−	+ / −	−	−
haath mē-honaa	Location	+	−	−	−	+ / −	−	−

インド・アーリア語の歴史を遡ると、古期インド・アーリア語
（OIA、時代区分は第1章2節を参照）のヴェーダ語、サンスクリ
ット語では所有は与格構文（Goal Schema）あるいは属格構文
（Genitive Schema）で表され、動詞は *as-*「ある」、*bhuu-*「なる、
ある」、*vidyate*「ある」などが用いられた（動詞が省略される場合
もある）。次例（227）は OIA の最古層の文献『リグ・ヴェーダ』
（1200 BC頃編纂）の一節で、与格構文が使われている。

(227) gambhiire　　cid　　bhavati　　gaadham　　asmai.
　　　 depth.N.SG.LOC　even　be.PRS.P.3SG　ford.N.SG.NOM　3SG.DAT

　　　 'Even in deep water he has a ford.'　　　　　(*Rigveda* 6.24.8)

以下の例では属格構文が使われている。（228）–（229）はブラー
フマナ文献（900 BC–700 BC）の用例、（230）はサンスクリット
語の文法書の用例である。

(228) tasya　　shatā　　　　　jaayaa　　　babhuuvuH.
　　　 3SG.GEN　hundred.N.SG.NOM　wife.F.SG.NOM　become.PFV.P.3PL

　　　 'He had hundred wives.'　　　　　(*Aitareya Brahmana* 7.13.1)

(229) manor　　ha　　vaa　　ŕShabha　　aasa.（＝(126)）
　　　 Manu.GEN　EMPH　EMPH　bull.M.SG.NOM　be.PFV.P.3SG

　　　 'Manu had a bull.'　　　　　(*Shatapatha Brahmana* 1.1.4.14)

(230) tava　　　putraaNāā　　dhanā　　　　na　　bhavati.
　　　 2SG.GEN　son.M.PL.GEN　money.N.SG.NOM　NEG　be.PRS.P.3SG

　　　 'Your sons have no money.'　　　　　(Coulson 2006: 66)

サンスクリット語の与格の領域は特に属格によって強く侵食され
ていった（Taraporewala 1967 quoted by Rosén 1989: 33）。した
がって、サンスクリット語で所有が属格構文で表されることが多い
といえども、与格構文がインド・アーリア語の所有構文の原型と考
えられる（Bauer 2000: 174＊56）。

次に、中期インド・アーリア語（MIA）のパーリ語（Pali）では
所有は以下のように表された。

(231) puttaa＝me＊57　　　　　　na　　atthi＊58.
　　　 son.M.PL.NOM＝1SG.DAT/GEN　NEG　be.PRS.3SG

　　　 'I have no sons.'　　　　　(Duroiselle 1997: 155)

120

パーリ語では格の区別が衰退し、与格と属格の形はほとんど常に同じになった。また、MIA の後期、アパブランシャ語では格の融合が進み、OIA の 7 格（呼格を除く）から 4 格（（ⅰ）主格／対格、（ⅱ）属格／与格／奪格、（ⅲ）具格、（ⅳ）所格）に減少した。一方、語と語の文法関係を示すために後置詞が発達した。例えば、*paas-i* * 59 'side, region of the ribs'（＜ OIA *paarshva*）は近接（in the proximity/nearness of）を意味するようになり、最終的には後置詞（at/to）に変化した（Bubenik 1998: 81–82）。次例（232）は複合語 N-*paasi* の例、（233）は絶対形 *paasu*（先行する名詞は属格をとる）の例である。

（232）gayau　　　guru-paasi.
　　　 go.PP　　　 teacher-side.LOC

　　　'He went to the side of the teacher. ＞ He went to（the proximity of）the teacher.'（*Kumarapalapratibodha* 201.1［1195 AD］）

（233）vasudevaho　　paasu　　　gau.
　　　 Vasudeva.GEN　 proximity　 go.PP

　　　'He went to（the proximity of）Vasudeva.'

（*Ritthanemicariu* 4.7.8［8th century］）

なお、（233）はヒンディー語では複合後置詞 *ke paas* を使って次のように表される。

（234）［vah］　 vasudeva＝ke　　 paas　 gayaa.
　　　 3SG　　　 Vasudeva＝GEN.OBL　near　 go.PFV M.SG

　　　'He went to（the proximity of）Vasudeva.'

後期 MIA の 4 つの格は新期インド・アーリア語（NIA）のはじめに直格（主格）と斜格（後置格）の 2 つに収斂し、以前の格の機能を果たすものとして後置詞が発達した（史的変化の詳細と各後置詞の語源については Bubenik 1998, 2007, Reinöhl 2016 を参照）。

対格			属格	→	*kaa*
与格	＞	*ko*	奪格	＞	*εe*
所格	＞	*par* 'at, on'	具格		
		mẽ 'in'			

図 6　OIA の格とヒンディー語の後置詞 * 60

第 4 章　存在動詞 *honaa* を用いた所有構文　**121**

本節のはじめに挙げたHeine（1997a）の記述（分離不可能所有、抽象物所有を表す構文は古い可能性がある）、起点スキーマごとに並べ替えた表10、上述のインド・アーリア語における所有構文と格標示の変遷から、ヒンディー語における複数の所有構文の併存は連続的な文法化の共時的結果、すなわち重層化（layering＊61）と見ることができる（図7）。

図7　所有構文の重層化（推定）

　しかし、現代ヒンディー語に見られるような所有構文の使い分けがいつごろから始まったのかについては不明であり、今後の研究課題としたい。
　サンスクリット語とヒンディー語の文法を比較した土田（1985）は次のように述べている。

　　古代より近代までの印度アーリア語は、まことに長くこみいった変遷のあとを辿りきたり、少なくとも単語の組成と形態より見れば、両者はほとんどその相貌を異にしているといってよいが、一方で、個々の構文的骨格乃至特徴が、さほどの変異を蒙ることなくほぼそのままに古代語より近代語に承け継がれていることが時おり見うけられる。　　　　　（土田1985: 621–622）

　インド・アーリア語は時代が下るにつれ、形態論的に融合的な言語から膠着的な言語に変化したが、本章で見たように所有を格／後置詞と存在動詞で表す構文的骨格には変わりがない。所有構文は土田の指摘の一例と見なすことができる。

＊1 本章は今村（2009）に大幅な加筆・修正を施したものである。

＊2 所有動詞の欠如はヒンディー語のみならず、南アジア諸語の特徴である。チベット・ビルマ語派のミゾ語（Mizo）、フマール語（Hmar）、パイテー語（Paite）、モン・クメール語族のカシ語（Khasi）などを除き、南アジアの言語には have に相当する動詞がなく、be で所有が表される（Subbārāo 2012: 149）。

＊3 Milsark（1979: 154）は There is a fly in the mustard/ There is a robin over there のような文を Locational ES［= existential sentence］と呼んでいる。また、西山（1994: 116–117, 2003: 394–395）は存在文を「場所表現を伴うタイプ」と「場所表現を伴わないタイプ」に大別し、前者のうち「机の上にバナナがある」のような文を場所存在文と呼んでいる。

＊4 *paas* はサンスクリット語の *paarshva* 'the region of the ribs, side, flank (either of animate or inanimate objects)'（Monier-Williams 1899: 622a）を語源とする（McGregor 1993: 627a）。

＊5 *ke* のグロスは正確には GEN.M.OBL となるが、本節では GEN と略記する。また、*paas* のグロスも正確には「近く .M.OBL」となるが、「近くに」と略記する。語形変化と後置詞の詳細については第3章2節と3節を参照。

＊6 ヒンディー語には日本語の「ある」と「いる」のような有生性による形式の違いはない。*honaa* の意味機能については第3章6.1節を参照。

＊7 否定辞の種類と位置については第3章1.3節を参照。

＊8 この文は関係詞を用いたいわゆる関係節構文である。ヒンディー語の関係節の構造は相関構文（correlative construction）と呼ばれるもので、関係詞に呼応する相関詞（遠称詞 *vah* または近称詞 *yah*）が主節に置かれる。ヒンディー語の関係節については今村（2008）を参照。

＊9 後続の被修飾名詞の性・数・格によって、*apnaa/apne/apnii* のように形容詞と同じ変化（第3章2節）をする。

＊10 インド国民会議派（Indian National Congress）の現総裁ソニア・ガーンディーの息子で政治家（1970– ）。

＊11 Bleaching（意味の希薄化／漂泊化）については Hopper and Traugott（2003）を参照。

＊12 言語によってはこれらの所有概念に異なる構文が用いられる。例えばブルガリア語（Bulgarian）では、物理的所有と一時的所有は Location Schema に基づく構文で表され、永続的所有は Action Schema に基づく構文で表される（Heine 1997a: 232）。

＊13 北インドのスール朝の創始者（在位 1539–1545）。

＊14 *samay* はサンスクリット語由来の「時間」、*vaqt* はアラビア語由来の「時間」、*fursat* はアラビア語由来の「暇」を意味する語である。

＊15 1人の人物に対して複数形（人称代名詞とコピュラ動詞）が使用されている尊敬表現（第3章5.2節）の例。

＊16 この表は Heine（1997a: 117–134）のマンディング語、エウェ語の事例研究を参考に作成した。

＊17 角田（2009: 129）は親族について、厳密に分離不可能所有物と呼べる

のは血族のうち誰かが生まれた時に必ずいる親族（両親、その両親、その両親…）だけであり、誰でも生まれながらに持っている点では分離不可能であるが、所有者と一体ではない点では分離可能であると述べ、（どちらかと言えば）親族を分離可能所有物として考えている。しかしながら、本書では第2章3.1節で挙げた Nichols（1988）、Chappell and McGregor（1996）、Heine（1997a）等の記述に鑑み、親族を分離不可能所有物として扱う。

*18　アジアの言語で Genitive Schema を起点とする所有構文はトルコ語、パシュトー語（Pashto）、ブルシャスキー語（Burushaski）、インド・アーリア諸語（パンジャービー語（Punjabi）、グジャラーティー語（Gujarati）、ネパール語（Nepali）、ベンガル語および古典語のサンスクリット語）、レプチャ語（Lepcha）、ムラブリ語（Mlabri）などに見られる（cf. Stassen 2009, Masica 1991, 坂本 2007）。

*19　Freeze（1992）が参照している Bender（1967: 175）の原文は"The child has white teeth.（＝The child's teeth are white.）"となっており、Freeze の逐語訳が間違っている。

*20　*kii* は単複同形のため、グロスを GEN.F とする。

*21　古代インドの2大叙事詩の1つ『マハーバーラタ』に出てくる有名な話。パーンドゥ家の5王子（兄弟）は重大な危険に瀕した時、いかなるものも分け合うことを誓い、その誓いにしたがってドラウパディーを共有の妻として娶った。

*22　このカーストでは長男が結婚すると、その妻が夫の兄弟全員の妻にもなるという慣習が数百年来行われている。

*23　同日の BBC NEWS では次のように書かれている。
"King Sobhuza II ... had more than 70 wives when he died in 1982."
（http://news.bbc.co.uk/2/hi/africa/4592961.stm）

*24　ヒンディー語の *bhaaii*「兄弟」は年上／年下を区別せず、兄は *baRaa bhaaii*「年上の兄弟」、弟は *choTaa bhaaii*「年下の兄弟」のように2語で表される。それに対して親の兄弟や配偶者の兄弟は1語の親族名称があり、夫から見た妻の兄弟の親族名称と妻から見た夫の兄弟の親族名称も異なる。姉妹についても同様で、ヒンディー語の親族名称は非常に多い。

*25　この部分の欽定訳（King James Version）は"we have one Father, even God."となっている。

*26　7世紀頃のインドの医学者。アーユルヴェーダの古典医学書『アシュターンガ・フリダヤサンヒター』（医学八科精髄集成）を著した。

*27　ヒンディー語には2人称代名詞が3つある（第3章5.1節）。このうち *tuu* は親子、兄弟姉妹、親しい友人など極めて親密な関係で（通常、目上の者から目下の者に）使われるほか、信仰する神に対して使われたり（下例）、相手を軽蔑したり、ののしる時に使われる（cf. 古賀 1986: 85）。

（i）iishvar　　　　tuu　kab　is　　　bhaaratbhuumi＝kii
　　神.M.SG.VOC　　2SG　いつ　この　インドの地＝GEN.F
　　sudh　　　　le-gaa?
　　意識.F.SG　　取る-FUT.2.M.SG
　　「神よ、いつこのインドの地を気にかけ給うか」　　　　　　（HJD0610a）

124

（ ii ）tuu　　　kariim　　　　　　　hai.
　　2SG　　慈悲深い ; 寛容な　COP.PRS.2SG
　　「汝は寛容なり」　　　　　　　　　　　　　　　　（鈴木 1981: 92）

*28　"He has three eyes, one being in the centre of his forehead, pointing up and down. These are said to denote his view of the three divisions of time, past, present, and future."（Garrett 1871: 586）

*29　ヴィシュヌ神にはケーシャヴァ「麗しい髪を持つ」、マーダヴァ「全知の主」、ジャナールダナ「罪人を苦しめる者」など、1000 の名前がある。「ヒンドゥー教で多くの人に信じられ帰依される神々は、その多様な姿と役割を示す多数の名を持つ」（坂田 2005: 158）

*30　この例では代名詞属格（*tumhaarii*）が文頭ではなく文末に置かれている。

*31　*dāāt* には歯と牙の両方の意味がある。*haathii ke dāāt khaane ke aur dikhaane ke aur*「象の歯（牙）は食べるためのものと見せるためのものとが違う」という諺は言行不一致な人、本音と建前が異なることを意味する（Tiwari 1985: 1117、古賀 2008: 247）。

*32　インドでは児童労働禁止法（1986）で児童労働が禁止されているが、あまり守られておらず、店や一般家庭の下働きで児童労働を目にする機会は多い。

33　角田（2009: 125–127）は「病床の天皇陛下は、…その後ご容体は落ち着かれた」のように所有者への敬意を、所有物を通して間接的に表した表現を「所有者敬語」と呼び、その自然さ（許容度）に所有物の種類が関与していることを調べ、この所有傾斜を提案した。例えば、「 天皇陛下の御用邸が地震でお潰れになった」は不適格である（角田の作例・判断）。

*34　『シャタパタ・ブラーフマナ』の一節。日本語訳は「実に、マヌ（*Manu*. 人間の祖先）は牡牛を所有していた」（湯田 1984: 50）

*35　音声分析用のフリーソフトウェア Praat で作成した。

*36　*to* は *bhii* や *hii* と組み合わせて使われることがあり、その場合、強調を表す。

*37　*kaa* は機能上は属格を表すが、形式上は主格形と斜格形がある。表 2 を参照。

*38　このような不変化の属格はヒンディー語の周辺言語であるグジャラーティー語にも見られる（Masica 1991: 360）。

*39　インド中・西部デカン地方を中心とするマラーター王国の創始者（1627–1680）。

*40　牛は雄・雌ともに角がある。

*41　ただし、被修飾名詞 Y が男性・複数の場合、属格後置詞は一致する場合もしない場合も *ke* になるため、存在文、所有文、コピュラ文は同じ形式になる。

*42　不変化の *ke* が口語で起きることについては本章 3.7.1 節を参照。

*43　与格構文をとる述語は角田（2009: 101）が提案した「二項述語階層」の右の方の類である 4 類（知識：「知る」「覚える」など）、5 類（感情：「好き／嫌い」「欲しい」「怒る」など）、6 類（関係：「持つ」「ある」「似る」など）、

7 類（能力：「出来る」「得意／苦手」など）に該当する。

＊44　古賀（1986）は「独立形」、町田（2008）は「融合形」と呼んでいる。

＊45　広島と長崎で原爆の被害を受けた二重被爆者。1945 年 8 月 6 日に出張先の広島で、さらに帰宅後の 9 日に長崎でも被爆した。2010 年 1 月 4 日、胃ガンのため死去。

＊46　フランスの「公立学校における宗教的シンボル着用禁止法案」（2004 年 9 月施行）に対するシク教徒の抗議の声。

＊47　キンマの葉にビンロウジ、香辛料その他を包んで噛む嗜好品。

＊48　この例では X ko が倒置されている。

＊49　mẽ はサンスクリット語の madhya 'middle' の所格単数形 madhye に由来する（Montaut 2004: 65）。

＊50　(193) の甘味は舌で、(194) の香りは鼻で知覚できるが、目に見えず形がないため抽象的である。

＊51　ボリウッド（インドの映画産業）の映画監督、プロデューサー（1949– ）。父親は音楽監督のローシャン（Roshanlal Nagrath）。

＊52　Gujarat State Board of School Textbooks が発行している第 2 言語の教科書。http://gujarat-education.gov.in/textbook/Images/6sem1/hindi6-guj/chap6.pdf（2013 年 6 月 11 日閲覧）

＊53　http://www.achhikhabar.com/2012/09/16/elephant-and-blind-men-story-in-hindi/（2013 年 6 月 25 日閲覧）

＊54　古賀・高橋（2006: 1418a）は (ke) haath mẽ honaa をイディオムとして記載し、「(–に) 支配される；(–の) 意のままになる」という訳を充てているが、例文は挙げられていない。

＊55　複数の所有構文が同じスキーマから派生するのは珍しいことではない。例えば、マンディング語には 4 つの所有構文があるが、すべて Location Schema から派生している（cf. Heine 1997a: 117–123）。

＊56　初期インド・ヨーロッパ語のラテン語、ギリシャ語でも所有は与格構文で表された（cf. Bauer 2000, Stassen 2009）。

＊57　=me は 1 人称代名詞の付帯形（enclitic form）で、与格も属格も同形であるが、Duroiselle（1997: 155）は所有を与格の用法に分類している。

＊58　所有構文では所有物が複数でも動詞は通常、単数形をとる（Duroiselle 1997: 155）。

＊59　-i は所格接尾辞（Bubenik 1998: 81）。

＊60　Bubenik（2007: 11–12）を一部改変した。

＊61　"Within a broad functional domain, new layers are continually emerging; in the process the older layers are not necessarily discarded, but may remain to coexist with and interact with new layers." (Hopper 1991: 22)

"Layering is the synchronic result successive grammaticalization of forms which contribute to the same domain." (Hopper and Traugott 2003: 125)

第 5 章

他動詞 *rakhnaa* を用いた所有構文 *1

　ヒンディー語の所有構文に関する先行研究では、「ヒンディー語
には英語の have に相当する動詞がなく、所有を表現するには存在
動詞 *honaa* を用いる」と記述されている（第 4 章 1 節）。第 4 章で
は存在動詞 *honaa* を用いた所有構文を考察した。本章ではヒンディー
語にも一種の所有動詞があり、他動詞の所有構文があることを指摘
する。また、それが表す所有概念についても明らかにする。

1.　他動詞 *rakhnaa*

　上述のように先行研究ではヒンディー語には所有動詞がないとさ
れている。確かに英語の have のように汎用できる動詞はないが、
他動詞 *rakhnaa* 'put, keep' *2 が時折、所有表現に用いられる。以
下に例を示す。

（1）　vah　　do　　moTrē　　rakh-taa　　　　　hai.
　　　3SG　　二　　車 .F.PL　　rakhnaa-IMPF.M.SG　　AUX.PRS.3SG

　　　「彼は車を 2 台持っている」　　　　　　　　（町田 1997: 340）

（2）　vah　　antarikSh　　vijñaan＝kaa　　　xaasaa　　jñaan
　　　3SG　　宇宙　　　　科学＝GEN.M.SG　　特別な　　知識 .M.SG

　　　rakh-tii　　　　　hai.
　　　rakhnaa-IMPF.F　　AUX.PRS.3SG

　　　「彼女は宇宙科学の特別な知識を持っている」　　（BBC060507）
　ヒンディー語の一般動詞（コピュラ動詞／存在動詞以外の動詞）
の現在表現は「動詞の未完了分詞＋助動詞 *honaa* の現在形」の 2 語
で表される（第 3 章 1 節）。上例（1）–（2）は他動詞文で、前章の
存在動詞 *honaa* を用いた所有構文（自動詞文）と異なり、述部は
所有者 X（上例では *vah*「彼／彼女」）の人称・性・数に一致する。

127

先行研究には*rakhnaa*を用いた所有構文に関する記述はほとんどない。筆者の知る限り、内在的特性の所有（第4章5.1節）が時折*rakhnaa*で表されるとHook（1979: 81）が述べているのみである。次例（3）は*himmat*「勇気」の所有をX *mẽ* Y *honaa*「X（の中）にYがある」で表した場合で、（4）は*rakhnaa*で表した場合である。

（3）　viiresh = mẽ　　　　　　apne　　　　pitaa = ke　saamne
　　　　ヴィーレーシュ.M = LOC　REFL.GEN　父 = GEN　　　正面に

　　　　aa-ne = kii　　　　　　himmat　　nahĩĩ　　hai.
　　　　来る -INF.OBL = GEN.F　勇気 .F.SG　NEG　　　ある .PRS.3SG

　　　「ヴィーレーシュは自分の父親に立ち向かう勇気がない」

（Kachru 1990: 62）

（4）　kyaa　tum　un = ke　saamne　jaa-ne = kii
　　　　Q　　　2PL　3PL = GEN　正面に　　行く -INF.OBL = GEN.F

　　　　himmat　　rakh-te　　　　　　ho?
　　　　勇気 .F.SG　rakhnaa-IMPF.M.PL　AUX.PRS.2PL

　　　「君は彼らに立ち向かう勇気を持っているのか」

（Hook 1979: 81）

　一方、辞書では*rakhnaa*の語義の1つとして、'to possess, to have (in one's possession)' が挙げられている*3。例えば、町田（1997）『ヒンディー語動詞基礎語彙集』では、*rakhnaa*の語義は以下のように記述されている（下線は筆者による。一部の語義は略記した）。

　　　①（ある位置に）置く；（人を）配置する、②（肩に）担ぐ；（頭に）載せる；（帽子を）かぶる、③（足を）踏みいれる、④（自分の手元に）置く、預かる、⑤（抵当に）入れる；供託する、⑥（裁判で）（証拠・主張・罪科を）提出する；（会議で）（案などを）提案する、⑦（名前を）つける、⑧（ある状態に）置く、保つ、保留する、⑨（人を）（家に）おく；（妾を）おく；（使用人を）おく、雇う；（生き物を）飼う、⑩確保する、用意する、残しておく、⑪《未完了表現で》保つ；（知識・財産・武器などを）保有する；（感情を）もつ；（権利などを）保

128

持する；保管する；（関係を）保つ、維持する。

(町田 1997: 338-341)

　上記のように *rakhnaa* は 'put, keep' を中心にさまざまな意味を持ち、その1つに所有の意味が認められる*4。継続的に何かを（手元あるいはそばに）「置く」「保持する」ことは語用論的に所有を含意するため、*rakhnaa* がその含意を手掛かりに所有を表すようになるのは自然なことである。本章では他動詞 *rakhnaa* を用いた所有構文を Heine（1997a）のイベント・スキーマ（第2章4.3節）に照らし、Action Schema の所有構文として記述を行う（以下、例文の *rakhnaa* のグロスを「持つ」とする）。

　次節では未完了表現（*rakhnaa* の未完了分詞＋助動詞 *honaa* の変化形）を中心に *rakhnaa* が表す所有概念を見ていくが、*rakhnaa* は所有の状態だけでなく、非所有状態から所有状態への変化も表すことができる（(5) – (7)）。これらの *rakhnaa* は存在動詞 *honaa* に置き換えることはできない。

(5)　aashaa　　　rakh-o.
　　　希望.F.SG　持つ-IMP

　　　「希望を持ちなさい」　　　　　　　　　　　　　　（HJD0102a）

(6)　har　vyakti＝ko　nijii　　raay　　rakh-ne
　　　各　　個人＝DAT　個人的な　意見.F.SG　持つ-INF.OBL

　　　＝kaa　　　　adhikaar　　hai.
　　　＝GEN.M.SG　権利.M.SG　　ある.PRS.3SG

　　　「だれもが個人的な意見を持つ権利がある」　　　（BBC060730）

(7)　parmaaNu　hathiyaar　na　rakh-ne＝kii　　　jaapaan
　　　核　　　　兵器.M　　　NEG　持つ-INF.OBL＝GEN.F　日本

　　　＝kii　　niiti＝mē　　badlaav　　nahĩĩ　aa-egaa.
　　　＝GEN.F　方針.F.SG＝LOC　変化.M.SG　NEG　来る-FUT.3.M.SG

　　　「核兵器を持たないという日本の方針に変わりはない」

　　　　　　　　　　　　　　　　　　　　　　　　　　（BBC061010）

　上例（5）では *rakhnaa* は命令形で現れている。(6) – (7) では不定詞の斜格形*5 で現れ、［個人的な意見を持つ］権利、［核兵器を持たない］（という）方針、のように名詞を修飾している*6。ま

た、(6) は［各個人に［個人的な意見を持つ］権利がある］という入れ子構造になっており、主節の「権利」の所有は X *ko* Y *honaa*「X に Y がある」（第4章4節）で表されている。

2. *rakhnaa* が表す所有概念

　本節では *rakhnaa*（主として未完了表現）が表す所有概念を分析する。分析にはコーパス（第1章3節参照）の用例を用い、インフォーマント調査も行った。不適格な文（*でマーク）はインフォーマントの判断による。

2.1　抽象物所有

　コーパスで *rakhnaa* を含む文を抽出・分析したところ、全4397例中268例が所有表現と認められた。このうち251例（93.7％）が抽象物所有（所有物は目に見えない無形の概念）であり、*rakhnaa* が所有表現に使われる場合、そのほとんどが抽象物所有であることがわかった。

（8）pratyek　　musalmaan　　　apne　　　jiivan＝mẽ
　　　各々の　　イスラム教徒.M.SG　REFL.GEN　生涯.M.SG＝LOC

　　　ek　baar　haj　　　　kar-ne＝kii　　　icchaa
　　　一　回　　メッカ巡礼　する-INF.OBL＝GEN.F　願望.F.SG

　　　rakh-taa　　　　　hai.
　　　持つ-IMPF.M.SG　　AUX.PRS.3SG

　　　「イスラム教徒は皆、一生に1度メッカに巡礼する願望を持っている」
　　　　　　　　　　　　　　　　　　　　　　　　（BBC060113）

（9）bhaarat＝ke　　　　log　　paRh-ne＝mẽ
　　　インド＝GEN.M.PL　　人々　読む；勉強する-INF.OBL＝LOC

　　　bahut　　ruci　　　　　rakh-te　　　　　hãĩ.
　　　とても　興味；関心.F.SG　持つ-IMPF.M.PL　　AUX.PRS.3PL

　　　「インドの人々は読書に大変興味を持っている（＝勉強好きである）」
　　　　　　　　　　　　　　　　　　　　　　　　（BBC050627）

所有物（抽象名詞）は上例の *icchaa*「願望」、*ruci*「興味；関心」

以外に、*aashaa/ummiid*「希望；期待」、*aasthaa*「確信」、*iraadaa/ manshaa*「意図；考え」、*jñaan*「知識」、*raay*「意見」、*vicaar*「考え」など思考に関するものが多いが*7、ほかにも *adhikaar*「権利」、*anubhav*「経験」、*arth/maanii*「意味」、*aadat*「習慣」、*kShamtaa/ yogyataa*「能力」、*pahcaan*「特徴」、*mahatv*「重要性」、*shakti*「力」、*sambandh/taalluq*「関係」、*sanskŕti*「文化」、*saahas/him-mat*「勇気」など、さまざまな抽象物所有に *rakhnaa* が用いられる（（10）－（11））。

(10) kashmiir = kaa　　　suufii　　　sãngiit　　apnii
　　　カシミール = GEN.M.SG　　スーフィー　　音楽 .M.SG　　REFL.GEN.F

　　　ek　　xaas　　　pahcaan　　rakh-taa　　　　hai.
　　　一　特別な　特徴 .F.SG　持つ -IMPF.M.SG　　AUX.PRS.3SG

　　　「カシミールのスーフィー（イスラム教神秘主義）音楽は独特の特徴を持っている」　　　　　　　　　　　　（BBC060411）

(11) mã́ĩ　　us = kii　　qiimat　　cukaa-ne = kii
　　　1SG　　3SG = GEN.F　代価 .F.SG　支払う -INF.OBL = GEN.F

　　　haisiyat　nahĩ̃　　rakh-tii.*8
　　　財力 .F.SG　NEG　　持つ -IMPF.F.SG

　　　「私はその代価を支払う財力を持っていない」　　　（HJD1131a）

以上のことから、これらの「抽象名詞 + *rakhnaa*」は慣用句ではなく、*rakhnaa* が所有の意味を獲得していると考えられる。

2.2　永続的所有

rakhnaa は具体物の所有にはあまり使われない（具体物の所有は X *ke paas* Y *honaa*「X の近くに Y がある」（第4章2節）や X *ke haath mẽ* Y *honaa*「X の手（の中）に Y がある」（第4章6節）で表される）。コーパスには9例（3.4%）しかなく、所有物のほとんどが財産（動産・不動産）か武器であった。（1）の「車」、（7）の「核兵器」の例も永続的所有（一般に所有者は所有物に対する法的な所有権を持つ）に該当する。

(12) ye　　vo　　　log　　hãĩ　　　　jo　　　meril liñc
　　　COR　その　　人々　COP.PRS.3PL　REL　　メリル・リンチ

aur	baRe	baRe	bãĩkõ = ke		sheyar
AND	大きい	大きい	銀行.M.PL = GEN.M.PL		株.M.PL

rakh-te	hãĩ.
持つ-IMPF.M.PL	AUX.PRS.3PL

「メリル・リンチやメガバンクの株を持っているのはその人たちである」 (BBC080918)

(13)
bhuu hadbandii (land ceiling) = se	adhik	zamiin
土地制限法 = ABL	多くの	土地.F.SG

rakh-ne = vaale*9	bhuu patiyõ = se
持つ-INF.OBL = vaalaa.M.PL	土地所有者.M.PL = ABL

atirikt	zamiin	le-kar...
超過した	土地.F.SG	取る-CONJP

「土地制限法［の規定］より多くの土地を持っている土地所有者から超過分の土地を取り上げ…」 (BBC041007)

(14)
aajkal = bhii	yah	log	tiir-dhanuSh
現在 = INCL FOC	この	人々	矢 - 弓

rakh-te	hãĩ.
持つ-IMPF.M.PL	AUX.PRS.3PL

「現在もこの人々は弓矢を持っている」

(Hemant Joshi, *Anas nadi kyon sukh gai?*)

(15)
bhaarat = mẽ	100 = mẽ	pããc = se = bhii	kam	log
インド = LOC	100 = LOC	5 = ABL = INCL FOC	少ない	人々

mobaail fon	rakh-te	hãĩ.
携帯電話	持つ-IMPF.M.PL	AUX.PRS.3PL

「インドでは携帯電話を持っているのは100人中5人に満たない」 (BBC041109)

rakhnaa の未完了表現は永続的所有を表すことはできるが、物理的所有や一時的所有は表せない。以下は *rakhnaa* が使用できない例である。

(16)
*kyaa	tum	maacis	rakh-te	ho?
Q	2PL	マッチ.M.SG	持つ-IMPF.M.PL	AUX.PRS.2PL

「マッチ持ってる？」

(17)*is samay　　mãĩ　　paise　　　nahĩĩ　　rakh-taa,
　　　今　　　　　1SG　　お金.M.PL　　NEG　　持つ-IMPF.M.SG

　　　lekin　　　gaaRii＝mẽ　　hãĩ.
　　　しかし　　　車.F.SG＝LOC　　ある.PRS.3PL

　　「今、私はお金を持っていないが、車の中にある」

(18)*vah　　　gaaRii　　rakh-taa　　　　hai,　　　　lekin
　　　3SG　　車.F.SG　　持つ-IMPF.M.SG　AUX.PRS.3SG　しかし

　　　us＝kii　　　nahĩĩ　　hai.
　　　3SG＝GEN.F　　NEG　　COP.PRS.3SG

　　「彼は車を持っているが、彼のものではない」

(19)*mãĩ　　aap＝kii　　　　kitaab　　rakh-taa
　　　1SG　　2PL.HON＝GEN.F　　本.F.SG　　持つ-IMPF.M.SG

　　　hũũ,　　　　lekin　　　ghar＝par　　hai.
　　　AUX.PRS.1SG　しかし　　家.M.SG＝LOC　ある.PRS.3SG

　　「私はあなたの本を持っているが、［それは今］家にある」

　インフォーマントによれば、*rakhnaa* の未完了表現は習慣的・継続的な所有を表すため、永続的所有には使用できるが、(16)－(17)のように当該時点における所有（物理的所有）には使用できない（(16)は「いつもマッチを持っていますか」という習慣的な意味で尋ねているなら適格となる）。また、(18)－(19)からわかるように *rakhnaa* は所有権のない所有（一時的所有）にも使うことができない。

2.3　分離不可能所有
次に分離不可能所有の例を見るが、*rakhnaa* の使用には制約がある。

2.3.1　親族
rakhnaa は兄弟姉妹や子どもなど血族には使用できないが（(20)）、配偶者には使用できる。(21)は可能表現（第3章6.2節）の例である。

(20)*mãĩ　　do　　bhaaii　/ bacce　　　rakh-taa
　　　1SG　　二　　兄弟.M.PL　子ども.M.PL　持つ-IMPF.M.SG

第5章　他動詞 *rakhnaa* を用いた所有構文　133

hũũ.
AUX.PRS.1SG

「私には兄弟／子どもが2人いる」

(21) koii = bhii　　aajkal　do　biibiyãã　nahĩĩ　rakh
　　 INDEF = INCL FOC　現在　二　妻.F.PL　　NEG　　rakhnaa

sak-taa.
できる -IMPF.M.SG

「今時だれも妻を2人も持つことはできない」　　　　（HJD1131a）

辞書の記述では、McGregor（1993）が *rakhnaa* の語義の1つとして 'to keep (a concubine)'、古賀・高橋（2006）が「妻を持つ；娶る；結婚する；妾を持つ；妾を囲う；男を持つ」を挙げている。インフォーマントに確認したところ、上例の *biibiyãã*「妻 .F.PL」を *bacce*「子ども .M.PL」に置き換えることはできず、次例のようにほかの表現に変える必要がある。

(22) koii = bhii　　aajkal　do　bacce　　paidaa
　　 INDEF = INCL FOC　現在　二　子ども .M.PL　生まれた

nahĩĩ　　kar　　sak-taa.
NEG　　　する　　できる -IMPF.M.SG

「今時だれも子どもを2人も持つことはできない（直訳：生むことはできない）」

2.3.2　身体部分

身体部分についても *rakhnaa* の使用には制約がある。次例はインフォーマントに許容されなかった。

(23) a. *vah　　ek = hii　　　Tããg　　rakh-taa
　　　　 3SG　　一 = EXCL FOC　足 .F.SG　持つ -IMPF.M.SG

hai.
AUX.PRS.3SG

「彼は片足だ（直訳：彼は1本だけ足を持っている）」

b. *vah　　baRe　　haath　　rakh-taa　　hai.
　　 3SG　　大きな　手 .M.PL　持つ -IMPF.M.SG　AUX.PRS.3SG

「彼は大きな手をしている」

一方、プレームチャンド（1880-1936）の小説では以下の用例が見られた。

(24) haakim = bhii　　āākh-kaan　　　rakh-te
　　 長官 = INCL FOC　　目 .F.SG- 耳 .M.SG　　持つ -IMPF.M.PL

　　 hāĩ.
　　 AUX.PRS.3PL

　　「長官も目と耳を持っている（＝馬鹿ではない）」

（Premchand, *Bade babu*）

(25) ham　　　kaan　　　rakh-te　　　　hāĩ　　　　　magar
　　 1PL　　　耳 .M.PL　　持つ -IMPF.M.PL　AUX.PRS.1PL　しかし

　　 bahrē　　　hāĩ,　　　　ham　　zabaan　　rakh-te
　　 聾の ; 聾者　COP.PRS.1PL　1PL　　舌 .F.SG　　持つ -IMPF.M.PL

　　 hāĩ　　　　　magar　　gūūge　　　hāĩ.
　　 AUX.PRS.1PL　しかし　　唖の ; 唖者　COP.PRS.1PL

　　「我々は耳を持っているが聾であり、舌を持っているが唖である」

（Premchand, *Prema*）

　上例（23）と（24）-（25）の違いは、前者には身体部分に修飾要素があり、後者には修飾要素がないことである。角田（2009: 158）は身体部分や属性で、普通、誰にでもあるもの（頭、目、足、性格、体重など）を「普通所有物」、誰にでもあるとは限らないもの（髭、ニキビ、才能、風格など）を「非普通所有物」と呼んで区別している（第 2 章 3.2 節）。そして、普通所有物で修飾要素がないのに所有表現が成立する場合が 2 つあると述べている（p. 163）。

(a)　　特別な意味を持つ場合：その身体部分あるいは属性について、普通ではない、「普通よりも」、あるいは、特別であると言う場合（（26）-（27）は日本語の例、（28）-（29）は英語の例）。

(26)　　あの大工さんは腕がありますね。　　　　（角田 2009: 152）

(27)　　あの力士は体重があります。　　　　　　（角田 2009: 153）

(28)　　He has an ear for music.「彼は音楽の鑑賞力がある」

（角田 2009: 153）

(29)　　He has temperature.「彼は熱があります」（角田 2009: 153）

(b)　特別ではない意味を持つ場合：その身体部分あるいは属性
　　　は普通であって、何ら、特別なものではない。しかし、適
　　　切な文脈がある場合に限って使う（(30)‒(31) は日本
　　　語の例）。

（30）　あの家政婦も目があるんだ。見たに違いない。

(角田 2009: 164)

（31）　（太郎が酔っぱらっている時に）
　　　　太郎は足があるんだ。自分で歩かせろ。　　（角田 2009: 164）

　ヒンディー語の例（24）‒（25）は（b）のケースに該当する。
これらの例が表しているのは物理的な身体部分ではなく、その機能
や能力である。（25）は本当の聾唖者のことではなく、比喩的な表
現である。舌があり、話す能力があっても何かに抑圧されて言いた
いことが言えないというような意味で使われている。

　身体部分については、ほかに「髪の毛」の例が見られた（(32)）。

（32）adhikaarii　　yuvaa　　th-aa.　　　　lambe　　baal
　　　役人 .M.SG　　若い　　COP.PST-M.SG　長い　　髪の毛 .M.PL

　　　rakh-taa　　　th-aa　　　　aur　　ġazlē
　　　持つ -IMPF.M.SG　AUX.PST-M.SG　AND　ガザル .F.PL

　　　gaa-taa　　　　th-aa.
　　　歌う -IMPF.M.SG　AUX.PST-M.SG

　　　「［派遣された］行政官は若かった。長い髪を持ち、ガザ
　　　ル*10 を歌っていた（ガザルを歌うことを趣味としてい
　　　た）」
　　　　　　　　　　　　　　　　　　　（Navin Sagar, *Tismarkhan*）

　以上のように、分離不可能所有における *rakhnaa* の使用は非常
に制約がある。これは *rakhnaa* の中心的意味「置く」の持続によ
るものであり、分離可能な所有物は所有者の意志で置く（所有す
る）ことができるが、分離不可能な所有物は所有者の意志で置く
（所有する）ことができないからだと思われる。髪の毛はヒンディー
語では分離不可能所有物に分類されるが（第 4 章 3.2.4 節）、所有
者の意志で切ったり、伸ばしたりできることから *rakhnaa* が使用
できるのかもしれない。

　なお、*rakhnaa* は無生物分離不可能所有（全体 - 部分の関係）に

も使用できない。

（33）* yah　　 kursii　　　 tiin＝hii　　　　 pair　　　 rakh-tii

　　　 この　　 椅子 .F.SG　　 三＝EXCL FOC　　 脚 .M.PL　 持つ -IMPF.F

　　 hai.

　　 AUX.PRS.3SG

　　　「この椅子は脚が 3 本しかない」

　以上、本節では *rakhnaa*（主として未完了表現）が表す所有概念を明らかにした。

3. *honaa* を用いた所有構文と *rakhnaa* を用いた所有構文の違い

　本節では存在動詞 *honaa* を用いた所有構文と他動詞 *rakhnaa* を用いた所有構文の違いを考察する。

（ i ） *rakhnaa* は習慣的・継続的な所有を表す。

　所有物が分離可能な場合、X *ke paas* Y *honaa*「X の近くに Y がある」（第 4 章 2 節）は所有期間の長さに関係なく使用できる（物理的所有、一時的所有、永続的所有を表す）。一方、*rakhnaa* の未完了表現は本質的に習慣的・継続的な所有を表すため、永続的所有は表すが、物理的所有、一時的所有は表さない。こうした特徴は次例（分離不可能所有）でより明らかになる。（34a）は分離不可能所有の構文 X *kaa* Y *honaa*「X の Y がある」（第 4 章 3 節）、（34b）は *rakhnaa* の未完了表現である。

（34）a. us＝ke　　　　　　　 lambe　　 baal　　　 hãĩ.

　　　　 3SG.OBL＝GEN.M.PL　　 長い　　 髪の毛 .M.PL　 ある .PRS.3PL

　　 b. vah　　 lambe　　 baal　　　　 rakh-tii　　 hai.

　　　　 3SG　　 長い　　 髪の毛 .M.PL　 持つ -IMPF.F　 AUX.PRS.3SG

　　　「彼女は長い髪をしている」

　（34a）は以前はどうであれ、現在、彼女の髪が長いことを表すのに対し、（34b）は以前から髪が長いことを表し、「彼女はいつも長い髪をしている」「彼女は髪を長く伸ばしている」という意味に近い。

第 5 章　他動詞 *rakhnaa* を用いた所有構文　137

（ⅱ）*rakhnaa* は所有の状態だけでなく、非所有状態から所有状態
への変化も表す。

honaa を用いた所有構文は「（あるものを）所有している」とい
う状態を表す。一方、*rakhnaa* は未完了表現では *honaa* と同じく所
有の状態を表すが、ほかの形式（命令形や不定詞形など）で、「（現
在所有していないものを）所有する」という変化を表すことができ
る（上例（5）–（7）、（21）および次例（35））。これらの例の *ra-
khnaa* を *honaa* に置き換えることはできない。

（35）nagrõ＝kii　　striyããā　　apnii　　　aarthik　　shakti
　　　都市 .M.PL＝GEN.F　女性 .F.PL　REFL.GEN.F　経済の　　力 .F.SG

　　　rakh-ne　　　　lag-ii　　　hãĩ.
　　　持つ -INF.OBL　始める -PFV.F　AUX.PRS.3PL

　　「都会の女性たちは経済力を持つようになってきている」

（HJD1131a）

（ⅲ）*rakhnaa* は *honaa* よりも硬い表現である。

次例は抽象名詞 *jñaan*「知識」の所有表現である。（36a）は抽象
物所有の構文 X *ko* Y *honaa*、（36b）は *rakhnaa* の未完了表現であ
る。インフォーマントによると、自然で普通の言い方は（36a）で、
（36b）は口語ではあまり使わない硬い表現だという。

（36）a. us＝ko　　　　acchaa-xaasaa　jñaan　　hai.
　　　　3SG.OBL＝DAT　かなりの　　　　知識 .M.SG　ある .PRS.3SG

　　　b. vah　　acchaa-xaasaa　jñaan　　rakh-taa
　　　　3SG　　かなりの　　　　知識 .M.SG　持つ -IMPF.M.SG

　　　　hai.
　　　　AUX.PRS.3SG

　　「彼はかなりの知識を持っている」　　　　　　（作例）

本章 1 節で挙げた町田（1997）の記述と考え合わせると、*rakh-
naa* は「持つ」よりも「有する；保有する；保持する」などに近い
意味・ニュアンスを持つ動詞と言えるだろう。

4. まとめ

　本章では英語のhaveに相当する動詞がないとされているヒンディー語にも一種の所有動詞があり、他動詞の所有構文があることを示した。また、それが表す所有概念を明らかにした。存在動詞 *honaa* を用いた所有構文と合わせると表1のようにまとめられる（第4章の表10の下に *rakhnaa* を追加）。*rakhnaa* は ABST を表すので‘＋’でマーク、一部の PERM と INAL を表すので‘＋／－’でマークする。

表1　ヒンディー語の所有構文とそれが表す所有概念（7）

構文	起点スキーマ	所有概念（所有の種類）						
		PHYS	TEMP	PERM	INAL	ABST	IN/I	IN/A
ko–honaa	Goal	－	－	－	－	＋	－	－
kaa–honaa	Genitive	－	－	＋	＋／－	＋／－	＋	－
mē–honaa	Location	－	－	－	＋／－	＋／－	＋	－
ke paas–honaa	Location	＋	＋	－	－	＋／－	＋	－
haath mē–honaa	Location	＋	－	－	－	＋／－	－	－
rakhnaa	Action	－	－	＋／－	＋／－	＋	－	－

rakhnaa は未完了表現による

　Heine（1997a）が所有構文の起点として挙げた8つのイベント・スキーマ（第2章4.3節）のうち、Action Schema（X takes Y）は‘take’や‘hold’などの他動詞を用いる型であるが、ヒンディー語の場合、*rakhnaa* ‘put, keep’が用いられる。

　用例分析とインフォーマント調査の結果、ヒンディー語の *rakhnaa* を用いた所有構文に関して次のことが明らかになった。

（ⅰ）Heine（1997a）が分類した7つの所有概念のうち、*rakhnaa* は主として抽象物所有（ABST）に使われる。

（ⅱ）所有物が分離可能な場合、*rakhnaa* は永続的所有（PERM）に使用できるが、所有物は財産や武器など一般的に価値のあるものに限られる。物理的所有（PHYS）や一時的所有（TEMP）には使用できない。

（ⅲ）*rakhnaa* は分離不可能所有（INAL）にはほとんど使われない

（使用条件が限られる）。

（iv）*rakhnaa* は無生物分離不可能所有（IN/I）には使用できない。

（v）*rakhnaa* の未完了表現は習慣的・継続的な所有を表す。

（vi）*rakhnaa* は *honaa* よりも硬い表現である。

　rakhnaa を用いた所有構文は *honaa* を用いた所有構文に比べるとそれほど頻繁に使われない。しかしながら、*rakhnaa* は本章で示したように複数の所有概念を表し、（非所有状態から所有状態への変化の例を除き）それぞれ *honaa* を用いた所有構文に言い換えられることから一種の所有動詞と言うことができる。

＊1　本章は今村（2010）の一部に加筆を施したものである。

＊2　*rakhnaa* はサンスクリット語の *rakShaNa* 'protecting, protector' を語源とする（Verma 1957–1966: IV-464a）。

＊3　*rakhnaa* は多義動詞で、McGregor（1993）は 19、古賀・高橋（2006）は 20 の語義を立てている。

＊4　ヒンディー語と同系（インド・アーリア語派）のマラーティー語（Marathi）にはヒンディー語の *rakhnaa* に当たる *ThevNe* を用いた所有表現はない（プラシャント・パルデシ氏の教示による）。

＊5　ヒンディー語の不定詞は V-*naa* という形式をとるが、ここでは属格後置詞 *kaa* を伴っているため、斜格形の V-*ne* になっている。

＊6　「不定詞（斜格形）＋属格後置詞＋名詞」はヒンディー語の連体修飾構造の 1 つで、いわゆる「外の関係」（修飾節が名詞を「内容補充的」に修飾）に用いられる。詳細は今村（2011）を参照。

＊7　コーパスの用例では *aashaa/ummiid*「希望；期待」計 19 例、*ruci/dil-caspii*「興味；関心」計 12 例、*vicaar*「考え」9 例、*icchaa*「願望」7 例、*iraadaa/manshaa*「意図；考え」計 6 例。

＊8　否定文の場合、未完了分詞の後の助動詞 *honaa* は省略されるのが普通である（第 3 章 1.3 節）。

＊9　= *vaalaa* は名詞句、形容詞句を作る文法的要素。ここでは不定詞を名詞に接続する役割（連体修飾機能）を果たしている。

＊10　アラビア語の古典的な詩型に由来するウルドゥー語やペルシャ語の定型詩。

第6章

所有からモダリティへ

　本章では Heine（1997a）、Narrog（2012）等に基づき、所有表現からモダリティ＊1（義務表現）への文法化について考察する。はじめにヒンディー語の3つの義務構文を概観し、次に各構文の意味と用法の違いについて考察する。最後に所有表現が義務を表すようになる理由について説明を加える。

1.　ヒンディー語の義務構文

　ヒンディー語には必要や義務を表すための3つの構文（以下の（ⅰ）-（ⅲ））がある。いずれの構文においても行為の遂行が要求される人は与格で標示され、動詞は不定詞形 V-naa＊2 で表される。

（ⅰ）X ko V-naa <u>caahie</u>

　　　「XにVすることが<u>必要だ</u> ＞ XはVするべきだ」

（ⅱ）X ko V-naa <u>honaa</u>

　　　「XにVすることが<u>ある</u> ＞ XはVしなければならない」

（ⅲ）X ko V-naa <u>paRnaa</u>

　　　「XにVすることが<u>落ちる</u> ＞ XはVせざるをえない」

　各構文に異なる訳を付けたが、（ⅰ）、（ⅲ）も文脈によって（ⅱ）と同じように「Vしなければならない」という意味を表す。また、（ⅱ）は後述するように義務以外の意味も表す。以下にそれぞれの構文の具体例を挙げる（（ⅰ）の例は（1）-（2）、（ⅱ）の例は（3）、（ⅲ）の例は（4））。

（1）unhē　　　　hindii　　　　siikh-nii　　　caahie.
　　　3PL.DAT　　ヒンディー語.F.SG　学ぶ-INF.F　　必要だ

　　　「彼らはヒンディー語を学ぶべきだ（直訳：彼らにヒンディー語を学ぶことが必要だ）」　　　　　　　　　　　　（McGregor 1995: 87）

(2) mujhe   dillii   jaa-naa   caahie   th-aa.
    1SG.DAT   デリー   行く-INF.M.SG   必要だ   AUX.PST-M.SG

    「私はデリーへ行くべきだった」   (McGregor 1995: 88)

(3) raam＝ko   dillii   jaa-naa   hai.
    ラーム.M＝DAT   デリー   行く-INF.M.SG   ある.PRS.3SG

    「ラームはデリーへ行かなければならない（直訳：ラームに
    デリーへ行くことがある）」   (Kumar 1997: 115)

(4) un＝ko   apnaa   ghar   bec-naa
    3PL＝DAT   REFL.GEN.M.SG   家.M.SG   売る-INF.M.SG

    paR-aa.
    落ちる-PFV.M.SG

    「彼らは自宅を売らざるをえなかった（直訳：彼らに自宅を
    売ることが落ちた）」   (Shapiro 1989: 134)

　ヒンディー語には英語の need に相当する他動詞がない。「必要」
は *caahnaa*「望む；欲する」の古い受動の形式に由来する *caahie*
「望まれる＞必要だ、欲しい」を使って表される（cf. Montaut
2004: 130）。「Vするべきだ」（現在）は（1）のように *caahie* 単独
で表され、「Vするべきだった」（過去）は（2）のように「*caahie*
+ *honaa* の過去形」で表される。

　近年の研究（Harves and Kayne 2012）によれば、ある言語に
need に相当する他動詞があるかどうかは、その言語の所有表現と
密接な関係があることが明らかになっている。すなわち、need に
相当する他動詞があるのは Have 言語（所有表現に用いる他動詞が
ある言語）に限られ、Be 言語（所有表現に用いる他動詞がない言
語）には need に相当する他動詞がない（ただし、Have 言語でも
need に相当する他動詞がない言語もある。例はブルガリア語、フ
ランス語、ペルシャ語＊3 など）。

　上記の構文で、（ⅰ）の V-*naa caahie*「Vするべきだ」は *caahie*
「必要だ」の語彙的意味と関連が認められるのに対し、（ⅱ）の
V-*naa honaa*「Vしなければならない」と *honaa*「ある」、（ⅲ）の
V-*naa paRnaa*「Vせざるをえない」と *paRnaa*「落ちる」の間には
直接的な関連がなく、義務の意味は文法化（推論）によって生じた

と考えられる（*paRnaa* は多義動詞で、「落ちる」のほかに「（突発的に）発生する、（災難や好ましくないことが）起こる、降りかかる」などの意味がある。そうした意味からの類推で、「Vせざるをえない」という外部からの強制による義務の意味が生じたと考えられる）。各構文の意味・ニュアンスの違いについて先行研究では表1のように説明されている。

表1　ヒンディー語の義務構文の意味的な違い

先行研究	（ⅰ）X *ko* V-*naa caahie*「必要だ」	（ⅱ）X *ko* V-*naa honaa*「ある」	（ⅲ）X *ko* V-*naa paRnaa*「落ちる」
田中・町田（1986）	必要	当然	強制
古賀（1986）	必要、義務、適切	義務、必要性、筈、予定	余儀なく、もしくは強制的にある動作・状態の生じること
鈴木（1996）	義務・必要・適切さ・当然（強制や無理強いの意味合いはない）	（ⅰ）に比べて必要・義務・強制の度合いが高い	（ⅱ）より一段と意味が強まる
Masica（1991）	moral obligation	neutral compulsion	external compulsion
Kumar（1997）	moral compulsion	inner compulsion	external compulsion
Schmidt（1999）	advisability	necessity	obligation, lack of choice
Snell and Weightman（2003）	moral compulsion	neutral compulsion	strong external compulsion
Montaut（2004）	general directives	punctual obligation	strict external obligation
Genady（2005）	moral obligation, social regulations	plan	any obligation, which contradicts the will of the agent

第6章　所有からモダリティへ　143

3つの構文のうち X *ko* V-*naa honaa* は存在動詞 *honaa* を用いた型で、後述するように所有構文と関係がある。次節では X *ko* V-*naa honaa* の統語的側面と意味的側面について考察する。

2.　義務構文 X *ko* V-*naa honaa*

2.1　X *ko* V-*naa honaa* における一致

　義務構文 X *ko* V-*naa honaa*「X に V することがある」は抽象物所有に使われる構文 X *ko* Y *honaa*「X に Y がある」（第4章4.2節）と構造が似ており、違いは所有物 Y（抽象名詞）の箇所が不定詞 V-*naa* になっていることである。再度 X *ko* V-*naa honaa* の例を挙げる。

(5)　ek din　　　　　sab＝ko　　　mar-naa　　　hai.
　　 ある日；いつか　全員＝DAT　　死ぬ-INF.M.SG　ある.PRS.3SG

　　「［諺］いつかは皆死ななければならない（直訳：いつか全員に死ぬことがある）」　　　　　　　　　　　　（古賀2008: 66）

(6)　mujhe　　　miThaaii　　　banaa-nii　　hai.
　　 1SG.DAT　　お菓子.F.SG　　作る-INF.F　　ある.PRS.3SG

　　「私はお菓子を作らなければならない（直訳：私にお菓子を作ることがある）」　　　　　　　　　　（Kumar 1997: 115）

(7)　mujhe　　　kuch　　　　axbaar　　xariid-ne
　　 1SG.DAT　　いくつかの　新聞.M.PL　買う-INF.M.PL

　　 th-e.
　　 ある.PST-M.PL

　　「私はいくつかの新聞を買わなければならなかった（直訳：私にいくつかの新聞を買うことがあった）」（Kumar 1997: 115）
　この構文では不定詞 V-*naa* と *honaa* は先行する主格名詞に一致する（不定詞 V-*naa* は性・数に一致し、V-*naa*（M.SG）/-*ne*（M.PL）/-*nii*（F）のように変化する。*honaa* は現在形の場合は人称・数に一致し、過去形の場合は性・数に一致する）。したがって、(6) では *miThaaii*「お菓子.F.SG」に一致し、(7) では *axbaar*「新聞.M.PL」に一致している。(5) のように先行する主格名詞がない場合は3人

称・男性・単数形をとる。

2.2　X *ko* V-*naa honaa* の意味と使用条件

Snell and Weightman（2003: 166）は、V-*naa honaa* は英語の "be to V" に訳すことができ、強制的な義務というよりも計画された出来事（programmed events）という意味であると述べている。V-*naa honaa* を「V することになっている」（be supposed to）と訳している先行研究もある（(8)）。

(8) mujhe　　　　hindustaan　　jaa-naa = to　　　hai
　　 1SG.DAT　　　インド.M　　　行く-INF.M.SG = TOP　　ある.PRS.3SG

　　 lekin　　　　nahĩĩ　　　jaa　　　paa-ũũgaa.
　　 しかし　　　　NEG　　　　行く　　　できる-FUT.1.M.SG

　　 'I'm supposed to go to India but I won't be able to manage it.'
　　「私はインドへ行くことにはなっているが、行けないだろう」
　　　　　　　　　　　　　　　　　　　　　　　　　　（Hook 1979: 33）

通常の予定ではなく何らかの理由で必要が生じたことには *honaa* は使えず、次例のように *paRnaa*（上記（ⅲ）の構文）が使用される（Verma 1997: 33）。

(9) kal raat　　ekaaek　　　mere　　　　dost = kii　　tabiiyat
　　 昨夜　　　　急に　　　　　1SG.GEN　　　友人 = GEN　　具合.F.SG

　　 xaraab　　ho　　　gaii　　　islie　　　mujhe
　　 悪く　　　　なる　　　行く.PFV.F.SG　そのため　　1SG.DAT

　　 aspataal　　jaa-naa　　　　*th-aa / paR-aa.
　　 病院.M　　　行く-INF.M.SG　　ある.PST-M.SG / 落ちる-PFV.M.SG

　　「昨夜、急に友人の体調が悪くなり、病院に行かなければならなくなった」
　　　　　　　　　　　　　　　　　　　　　　　　　　（Verma 1997: 33）

このほかに X *ko* V-*naa honaa* は欲求の表現「V したい」や意図の確認にも使われる。

(10) ek = ko　　miThaaii　　khaa-nii　　hai　　　　to
　　　一 = DAT　　お菓子.F.SG　食べる-INF.F　ある.PRS.3SG　CONJ

　　　us = ke　　paas　　paisaa　　nahĩĩ　　hai.
　　　3SG = GEN　近くに　お金.M.SG　NEG　　　ある.PRS.3SG

第6章　所有からモダリティへ　　**145**

「ある人が甘いお菓子を食べたいと思うと、その人はお金を
持っていないのです」　　　　　　　　（岡口・岡口 2015: 130）

(11) tumhẽ　　　haath　　　dho-ne　　　hãĩ?
　　 2PL.DAT　　手.M.PL　　洗う-INF.M.PL　ある.PRS.3PL

「手を洗いますか（＝洗いたいですか）」

　　　　　　　　　　　　　　　（Snell and Weightman 2003: 166）

(12) aaxir　　　aap＝ko　　　kyaa　　　kah-naa　　　hai?
　　 つまり　　2PL.HON＝DAT　何　　　言う-INF.M.SG　ある.PRS.3SG

「結局、何を言おうとしているんですか」　　（鈴木 1996: 209）

Genady（2005: 50）は X *ko* V-*naa* *honaa* の意味は曖昧で、その
解釈はある程度文脈によると述べている。

2.3　X *ko* V-*naa* *honaa* の否定

X *ko* V-*naa* *honaa* の否定は「V しなくてよい」「V したくない」
などの意味になる*4。否定辞は基本的に V-*naa* の前に置く。

(13) aap＝ko　　　kuch　　**nahĩĩ**　　kar-naa　　　hai.
　　 2PL.HON＝DAT　何も　　NEG　　　する-INF.M.SG　ある.PRS.3SG

「あなたは何もしなくていいのです」　　（田中・町田 1986: 101）

(14) jaj　　　saahab,　　mujhe　　　paakistaan　　**nahĩĩ**
　　 裁判官　　HON　　　1SG.DAT　　パキスタン　　NEG

　　 jaa-naa　　　hai.　　　　vahãã　　　merii　　　jaan
　　 行く-INF.M.SG　ある.PRS.3SG　そこでは　　1SG.GEN　　命.F.SG

　　 ＝ko　　　xatraa　　　hai.　　　　mãĩ　　　hindustaan＝mẽ
　　 ＝DAT　　危険.M.SG　　ある.PRS.3SG　1SG　　インド＝LOC

　　 ＝hii　　　rah-naa　　　caah-taa　　　hũũ
　　 ＝EXCL FOC　いる;住む-INF　欲する-IMPF.M.SG　AUX.PRS.1SG

　　 aur　　　yahĩĩ＝par　　jii-naa　　　va　　　mar-naa
　　 AND　　　ここ.EMPH＝LOC　生きる-INF　AND　　死ぬ-INF

　　 caah-taa　　　hũũ
　　 欲する-IMPF.M.SG　AUX.PRS.1SG

「［法廷におけるパキスタンのスパイの発言］裁判長、私は
パキスタンに行きたくありません*5。パキスタンに戻ると

私の命が危険です。私はインドにいたいのです。そしてインドで生き、死にたいのです」

(http://www.jagran.com/news/national-9099917.html)

　次例は所有構文 X *ko* Y *honaa* の否定（(15a)）と義務構文 X *ko* V-*naa honaa* の否定（(15b)）を並べたものである。否定辞の位置の違いに注意されたい。

(15) a.　hamē　　　samay　　**nahī̃**　　hai.
　　　　　1PL.DAT　　時間.M.SG　　NEG　　　ある.PRS.3SG

　　　　「私たちは時間がない」　　　　　　　　　（McGregor 1995: 55）

　　　b.　mujhe　　**nahī̃**　　jaa-naa　　　hai.
　　　　　1SG.DAT　　NEG　　　行く-INF.M.SG　　AUX.PRS.3SG

　　　　「私は行かなくてよい」　　　　　　　　　　（町田 2008: 87）

　所有構文 X *ko* Y *honaa* の場合、否定辞は存在動詞 *honaa* の前に置かれる（否定辞は動詞の直前に置かれる。第3章1.3節参照）。一方、義務構文 X *ko* V-*naa honaa* では否定辞は不定詞 V-*naa* の前に置かれる。これは義務構文において不定詞 V-*naa* が動詞として機能し、*honaa* が助動詞として機能していることを示している（そのため、(15b) の *hai* (< *honaa*) のグロスを「ある」ではなく「AUX」としている。以下の例文も同じ）。肯定文では所有構文と義務構文の構造は表面上同じで、この違いがわからない。

　義務構文において不定詞 V-*naa* が動詞で *honaa* が助動詞であることを示す証拠はもう1つある。所有構文 X *ko* Y *honaa* の場合、*aapko samay hai?*「（あなたは）時間がありますか」という疑問文に対して、次例のように *honaa* だけで答えることができる。

(16) hā̃ā,　　（mujhe　　samay）　　　hai.
　　　はい　　　1SG.DAT　　時間.M.SG　　ある.PRS.3SG

　　「はい、（私は時間が）あります」　　　　　　　　（作例）

　しかし、義務構文 X *ko* V-*naa honaa* の場合、*mujhe bhii jaanaa hai?*「私も行かなければなりませんか」という疑問文に対して *honaa* だけで答えることはできず、不定詞 V-*naa* が必要である（インフォーマントにも確認を行った）。

(17) hãã, (aap = ko = bhii) jaa-naa hai.
はい 2PL.HON = DAT = INCL FOC 行く -INF.M.SG AUX.PRS.3SG

/ *hãã, hai.
はい AUX.PRS.3SG

「はい、（あなたも）行かなければなりません」　　　（作例）

Montaut（2004）は Answers and omissible elements の項で以下のように述べ、(18) – (19) を挙げている。

The answer to yes/no questions may consist only in the sentence adverbs yes/no (*hãã (jii) / nahĩĩ (jii), jii for respect*), or repeat the verbal constituent (with, optionally, one or several arguments). In that case, the main verb is required before aspectual, modal and modality auxiliaries. 　（Montaut 2004: 268）

(18) hãã, (mãĩ khaanaa) khaa rahaa hũũ.
はい 1SG 食べ物 食べる PROG AUX.PRS.1SG

/ *hãã, rahaa hũũ.
はい PROG AUX.PRS.1SG

「はい、食べています」　　　（Montaut 2004: 268）

(19) hãã, (mãĩ yah kaam) kar sak-taa hũũ.
はい 1SG この 仕事 する できる AUX.PRS.1SG

/ *hãã, sak-taa hũũ.
はい できる AUX.PRS.1SG

「はい、できます」　　　（Montaut 2004: 268）

以上、本節では義務構文 X *ko* V-*naa honaa* の否定の意味と所有構文 X *ko* Y *honaa* との統語的な違いを示した。

3.　所有からほかの文法カテゴリーへの文法化

Heine（1997a: 187）は、「ひとたび起点となるスキーマが叙述所有の表現を生み出すと、今度は叙述所有自体がより抽象的な概念、特にテンス、アスペクト、モダリティのマーカーのような文法機能の起点になり得る」と述べている。Heine（1997a）は特にアスペクトに焦点を当て、所有とアスペクトの構造的平行性に注目し、前

者から後者への発達について論じている（次例の（20b）は進行アスペクト、（21b）は完了アスペクトの例）。

(20) Swahili (Bantu, Niger-Congo; Heine 1997a: 188)

    a.   wa- na   pesa.
           they-be.with   money

        'They have money.'

    b.   wa- na   ku- la.
           they-PROG   INF-eat

        'They are eating.'

(21) English   a.   I   have a house.   b.   I   have eaten.

     German   Ich habe ein Haus.   Ich habe gegessen.

     French   J'   ai une maison.   J' ai mangé.

                                                  （Heine 1997a: 190）

　所有と義務的モダリティにも構造的平行性が見られる。Heine（1997a）では言及・例示がないが、Heine and Kuteva（2002: 243–245）は所有から義務への文法化の事例として（23）、（26）ほかを挙げている。

(22) English (Bhatt 1997: 21)

    a.   John has a book.

    b.   John has to read a book＊6.

(23) German (Heine and Kuteva 2002: 244)

    a.   Er   hat   ein   Auto.
           he   has   one   car

        'He has a car.'

    b.   Er   hat   zu   gehorchen.
           he   has   to   obey

        'He has to obey.'

(24) Latin (Heine 1997a: 32, Bauer 2000: 152)

    a.   mihi   est   liber.
           1SG.DAT   be.3SG.PRS   book.NOM.SG

        'I have a book.'

b. mihi   est   legendum.
    1SG.DAT   be.3SG.PRS   read.GER

    'I have to read.'

　ラテン語では所有と義務は（24）のように be 動詞を用いた構文
（*mihi est*「私に（〜が）ある」構文と呼ばれており、Heine
（1997a）の Goal Schema に該当する）で表されたが、古ラテン語
期（75 BC 以前）に *habere* 'to hold' > 'to have' を用いた所有構
文（（25a））が現れ、古典ラテン語期（75 BC–3 世紀）および後期
ラテン語期（3 世紀–6 世紀）に（24a）にとって代わった＊7。そ
して、*habere* もまた（25b）のように義務を表すようになった（cf.
Heine 1997a: 109, Lyons 1968: 396, Bauer 2000）。

（25）Latin（Bauer 2000: 25, 257）

a. librum   habeo.
    book.ACC.SG   have.1SG.PRS

    'I have a book.'

b. pugnandum   habeo.
    fight.GER   have.1SG.PRS

    'I have to fight.'

                （L. Annaeus Seneca＊8, *Controuersiae Suasoriae*: 10.2.31.4）

　所有と義務の平行性は印欧語以外でも見られる。以下は西アフリ
カのヨルバ語とフォン語の例である。

（26）Yoruba（Niger-Congo; Welmers 1973: 341–342）

a. mo   ní   bàtà.
    1SG   have   shoes

    'I have shoes.'

b. mo   ní   l'átīlọ.
    1SG   have   to go

    'I have to go.'

（27）Fongbe（Niger-Congo; Lefebvre and Brousseau 2002: 252,
    288）

a. Kɔ̀kú   ɖó   wémâ.
    Koku   have   book

'Koku has a book.'

b. Ví lɛ́ bí ɖó-ná*9 wá.
   child PL all have-to come

'All the children have to come.'

Narrog（2012: 268–273）は所有構文から派生したか、少なくと
も所有構文に関係があり、モダリティを表す構文を「モーダル所有
構文」（modal possessive constructions）と呼んで考察している。
モーダル所有構文はモダリティを明示する形態素を含まず、構文全
体がモダリティとして解釈されるもので、5つのサブタイプがある。
1つ目は V-ing is to X「X に V することがある」という構文で、次
例はアムハラ語の義務構文である。

（28）Amharic (Semitic, Afro-Asiatic; Leslau 1995: 430)

nägä wädä hakim mä-hed allä-bb-əňň.
tomorrow to doctor NMZ-go be-for-1SG

'I have to go to the doctor tomorrow.'（Lit.: 'Going to the
doctor tomorrow is to me.'）

このタイプの構文は Heine（1997a）の Goal Schema に該当し*10、
Narrog（2012）のサンプルではアムハラ語のほかにエウェ語、カ
シミール語、マラーティー語、チャン（羌）語、ラパヌイ語、ロシ
ア語など6つの言語にある。カシミール語とマラーティー語はイン
ド・アーリア諸語であり、上述のヒンディー語の X ko V-naa
honaa もこのタイプに該当する。また、ラテン語の mihi est 構文
（(24b)）もこのタイプである。

2つ目のサブタイプは X's V-ing「X の V すること」という構文で、
Genitive Schema の拡張と見ることができる（Narrog 2012: 269）。
次例はラパヌイ語の例である。

（29）Rapanui (Oceanic, Austronesian; Du Feu 1996: 164)

a Nua te runu i te pipi.
POSS Nua SPC collect RLT SPC shells

'Nua had to collect the shells.'（Lit.: 'Nua's collecting of the
shells'）

Narrog（2012）のサンプルではラパヌイ語のほかに3言語がこ

の構文を持つ。そして、3つ目はhave動詞を用いるタイプ（例は（22）–（23）、（25）–（26）のb）である。Narrog（2012）はこれらの3つのサブタイプのほかに、もともと 'owe' を意味する動詞や 'belong' を意味する動詞を用いた構文も含め、表2のようにまとめている（これらのモーダル所有構文はいずれのタイプも義務を表す）。Narrog（2012: 268）は所有とモダリティの関係において前者から後者への拡張はあるが、その逆はないと述べている。

表2　モーダル所有構文（Narrog 2012: 270）

	Construction		Languages
1	V-ing is to X	7	Amharic, Ewe, Kashmiri, Marathi, Qiang, Rapanui, Russian
2	X's V-ing	4	Rapanui, Hdi, Huallaga Quechua, Mina
3	X has to V/V-ing	4	Catalan, Berbice Dutch Creole, Ndyuka, Fongbe
4	X owes to V	4	Breton, Catalan, Russian, Swedish
5	X belongs to V	1	Finnish

　Narrog（2012）は所有構文が義務を表すようになる理由について次のように説明している。

> The inference most likely leading to the modal interpretation is as follows: if a state-of-affairs is presented as the possession of a human agent, it is presented as his or her responsibility, and from this, a necessity and obligation may be inferred.
>
> 　If the 'collectiong of the shells is Nua's' [ex. (29)], instead of anyone else's, it may be inferred that it is Nua who is responsible to collect the shells. That is, it is necessary for her, and her obligation to collect the shells. However, in the absence of diachronic or discourse-data evidence, this reconstruction of the crucial inferences remains somewhat speculative.　　　　　　　　　　　　　　　　（Narrog 2012: 272–273）

　我々の日常生活を例に考えてみよう。例えば、来週の月曜日に病院へ行くことが決まっている場合（＝「病院へ行く」という事態の所有）、それは決定済みの予定になる。そして、誰かが同じ日に会いたいと言ってきた場合、「その日は病院へ行く（ことになってい

る）から会えない」のように予定として表現したり、「その日は病院へ行かなければならないから会えない」のように義務として表現したりする。ここに予定表現と義務表現との接点がある。ヒンディー語の抽象物所有の構文 X *ko* Y *honaa* の所有物 Y（抽象名詞）が不定詞 V-*naa*（動作を抽象化した名詞）に置き換わった時、当該の構文が予定や義務を表すことの説明になる。また、上述のモーダル所有構文のデータと通言語的な傾向（所有からモダリティへの一方向的な拡張）もヒンディー語の義務的モダリティが所有から拡張したことの間接的証拠になる。いつごろ X *ko* V-*naa honaa* という形式が現れ、義務を表すようになったのか明確な時期は不明であるが、以下の Shapiro（2003）の記述からヒンディー語の歴史において比較的遅い時期のことと考えられる（下線部は筆者が施した）。

> Lastly, the spread of patterns of indirect syntax, involving constructions of many different types (e.g. X *ko* Y *pasand honaa* 'for Y to be pleasing to X', X *ko hindii aanaa* 'for X to be able to speak Hindi', X *ko* infinitive (= Y) + *honaa* 'for X to have to do Y'), is highly characteristic of the development of MSH [Modern Standard Hindi].
>
> (Shapiro 2003: 279)

4. まとめ

ヒンディー語には義務を表す構文が 3 つあり、義務の度合い（強弱）や義務の種類・要因（表 1）によって使い分けられている。義務構文では行為の遂行が要求される人は与格で標示され（X *ko*）、述部は「不定詞 V-*naa* + *caahie/honaa/paRnaa*」で表される。このうち *honaa* を用いるタイプは抽象物所有の構文 X *ko* Y *honaa* から発達したと考えられる。その根拠は以下の 3 点である。

（ⅰ）所有構文と義務構文の構造的平行性

（ⅱ）通言語的な傾向性（所有から義務的モダリティへの一方向的な拡張）

（ⅲ）ある事態の所有が予定や義務に解釈（推論）されることの妥当性

義務構文では *honaa* の語彙的意味は薄れ、V-*naa* と結んでモーダルな意味に変化している。また、*honaa* は意味の変化だけでなく、（否定辞の位置の違いや疑問文に対して単独で応答できないことから）動詞の性質を失い、助動詞に変化している。この変化は（30）のようにまとめられる。

(30) X=*ko*　　　　　Y　　(NEG) *honaa*　所有構文（X has Y）
　　　　　　　　　　　　↓
　　X=*ko* (OBJ) (NEG) V-*naa*　　　　*honaa*　義務構文（X has to V）

---

*1　モダリティには実に多くの研究があり、定義もさまざまであるが、例えば Palmer（2001）では次のように定義・説明されている。
"Modality is concerned with the status of the proposition that describes the event."（p. 1）
"...epistemic modality and evidential modality are concerned with the speaker's attitude to the truth-value or factual status of the proposition (Propositional modality). By contrast, deontic and dynamic modality refer to events that are not actualized, events that have not taken place but are merely potential (Event modality)."（p. 8）

*2　ヒンディー語の不定詞には名詞的用法があり、次例のように「Vすること」として使うことができる（不定詞 V-*naa* は男性名詞として扱われる）。

（ i ）kah-naa　　　　aasaan,　　kar-naa　　　　mushkil.
　　　言う -INF.M.SG　易しい　　行う ; する -INF.M.SG　難しい
　　　「[諺] 言うは易く、行うは難し（直訳：言うことは易しく、行うことは難しい）」　　　　　　　　　　　　　　　　（古賀 1986: 100）

（ ii ）sigreT　　　na　　pii-naa　　　　acchaa　hai.
　　　タバコ .M　　NEG　飲む -INF.M.SG　良い　　COP.PRS.3SG
　　　「タバコを吸わないのは良いことだ」　　　　　　（町田 2008: 80）

*3　インド語派（インド・アーリア語派）の言語には have 動詞がないのに対し、イラン語派のペルシャ語には have 動詞（*daashtan* 'to hold' > 'to have'）がある。

（ i ）uu　　se　　taa　　bachche　daar-ad.
　　　3SG　三　　人　　子ども　　持つ .PRS-3SG
　　　「彼女には 3 人子どもがいます」　　　　　　　　（吉枝 2011: 72）

（ ii ）na,　　mota'assefaane　　vaqt　　na-daar-am.
　　　NEG　残念ながら　　　　時間　　NEG- 持つ .PRS-1SG
　　　「いいえ、残念ながら（私は）時間がありません」（吉枝 2011: 72）

*4　ほかの義務構文 X *ko* V-*naa caahie* の否定は「Vするべきではない／して

はならない」、X *ko* V-*naa paRnaa* の否定は「Vしなくてよい／しないですむ」
という意味を表す。

（ i ）aap＝ko　　　　ye　　　　goliyāā　　　nahīī　　　khaa-nii
　　　2PL.HON＝DAT　これらの　錠剤.F.PL　　NEG　　服用する-INF.F
　　　caahie.
　　　必要だ
　　　「あなたはこれらの錠剤を服用してはいけません」

（岡口・岡口 2015: 130）

（ ii ）ab　　　unhē　　　hindii　　　　　kabhii bhii　　　nahīī
　　　もう　　3PL.DAT　ヒンディー語.F.SG　2度と　　　　NEG
　　　paRh-nii　　paR-egii.
　　　学ぶ-INF.F　落ちる-FUT.3.F.SG
　　　「もうあの人たちはヒンディー語を2度と学ばないですむでしょう」

（岡口・岡口 2015: 131）

＊5　この記事の見出しは、*jaj saahab, māī paak nahīī jaanaa caahtaa*「裁判長、私はパキスタンに行きたくありません」と *caahnaa*「欲する」の活用形が使われている。また、後続の文の意味から考えてもこの NEG V-*naa honaa* は「Vしたくない」の意味である。インフォーマントの判断も同じであった。

＊6　英語の have to が must の代替表現として義務の意味で使われ始めたのは16世紀末からであり、You have to be happy「君は満足しているに違いない」のように認識的な意味（推量）を持つようになったのは最近のことである（中尾 1989: 143）。have to の文法化の過程については保坂（2014: 97–100）を参照。

＊7　*habere* 構文の使用は最初、具体物の所有に限られていたが、比較的早く分離不可能所有をカバーするようになり、抽象物所有の例は大カトー（234 BC–149 BC: e.g. *spem habere* 'to have hope'）およびキケロ（106 BC–43 BC: e.g. *timorem habere* 'to have fear'）の著作に現れた。一方、既存の *mihi est* 構文はラテン語散文の歴史全体を通じて抽象物所有と強く関係した（Löfstedt 1963: 75–77 quoted by Heine 1997a: 109）。

＊8　ローマ帝政初期のストア派の哲学者、劇作家、政治家（ca. 4 BC–65 AD）。

＊9　フォン語では義務の概念は *ɖó* 'to have' と *ná* (definite future marker) の組み合わせによって表される。*ɖó-ná* の補語は不定詞である（Lefebvre and Brousseau 2002: 288–289）。

＊10　Narrog（2012）も Heine（1997a）を参照し、イベント・スキーマについて言及している。

第7章

結論と今後の課題

　本章では本書の研究結果をまとめ、重要な成果を列挙する。最後に今後の課題について述べる。

1.　研究結果の総括

　本書はヒンディー語の叙述所有（predicative possession）、とりわけ X → Y 構文（Heine（1997a）の 'have' 構文）を考察対象とし、複数の所有構文の併用と各構文に見られる文法現象を言語類型論的観点から考察することが目的であった。以下、各章の概略を述べる。

　第2章では先行研究における所有表現の形式的分類、所有の意味的分類を概観し、本書の理論的枠組みである Heine（1997a）の7つの所有概念および所有構文の起点となる8つのイベント・スキーマについて述べた。

　第3章ではヒンディー語の基本文法を略述し、第4章以降の用例における文法事項のリファレンスとした。

　第4章では存在動詞 *honaa* を用いた5つの所有構文を考察し、各構文の統語的特徴と関与する所有概念を明らかにした。まず、X *ke paas* Y *honaa*「X の近くに Y がある」（Location Schema）は主として分離可能な具体物の所有に使われる構文であるが、抽象物所有にも使われ、使用が拡張していることを指摘した（第4章2.3.5節）。また、この構文が使用人などの人間に使われることについて先行研究は「身分が低い場合」と説明しているが、本書では反例を示し、身分ではなく分離可能性で説明すべきであることを主張した（第4章2.3.4節）。

　次に、X *kaa* Y *honaa*「X の Y がある」（Genitive Schema）は分離不可能所有に使われる構文であるが、本書ではヒンディー語で何

157

が分離不可能所有物として扱われるのか、実例をもとに明らかにした（第4章3.2節）。第4章3.3節ではX ke paas Y honaa とX kaa Y honaa のY に同じ名詞が現れた場合の意味の違いを示した。第4章3.5節–3.6節では Stassen（2009）の記述を参考にX kaa Y honaa の統語的特徴について考察した。その結果、X kaa Y honaa はX kaa とY の間にポーズを置くことができ、X をとりたてる小詞や副詞句が間に介在し得ることから所有者X が主題化している可能性があることを指摘した。

X kaa Y honaa には属格後置詞 kaa が所有物Y との一致を起こさない変種（X ke Y honaa）があり、2つの構文が併存している。本書では他言語の文法化の事例を参考に、X kaa Y honaa がX ke Y honaa に変化し、オーバーラップの状態にあるという考えを提示した（第4章3.7.2節）。

X ko Y honaa「X にY がある」（Goal Schema）は抽象物所有に使われる構文である。本書ではこの構文が病気や感覚、心理状態以外にもさまざまな抽象的な概念の所有に使われることを示した（第4章4.2節）。

X mẽ Y honaa「X（の中）にY がある」（Location Schema）は所有者に内在する特性の所有に使われる。X mẽ Y honaa は「場所X にY がある／いる」ことを表す場所存在文であるが、本書では所有のプロトタイプ特性や統語的振る舞いから判断し、これを所有構文として扱った（第4章5.3節）。X mẽ Y honaa は無生物の「全体－部分関係」にも使われる。

第4章では上記の4構文のほかに先行研究に記述のないX ke haath mẽ Y honaa「X の手（の中）にY がある」（Location Schema）を所有構文として考察した。Heine and Kuteva（2002）は HAND を含む表現から叙述所有への文法化の例についてアフリカの言語でしか見つかっていないと述べているが、本書ではインドの言語にも類例があることを示した（第4章6.1節–6.2節）。X ke haath mẽ Y honaa は主に物理的所有を表すが、haath「手」の語彙的意味が持続しており、所有物に制約がある（第4章6.3節）。また、この構文は一部の抽象物所有にも使われる（第4章6.4節）。honaa

158

を用いた5つの所有構文のまとめを行った後、最後に複数の構文の併存について考察を加えた。各構文が表す所有概念の分布とインド・アーリア語における所有構文の変遷から、複数の構文の併存は連続的な文法化の結果（重層化）と考えた（第4章8節）。

第5章では他動詞 *rakhnaa* 'put, keep' を用いた所有構文 X Y *rakhnaa*（Action Schema）を考察した。*rakhnaa* が表す所有概念については先行研究がほとんどない。用例の分析とインフォーマント調査から、*rakhnaa* は主として抽象物の所有に使われ、具体物の所有と分離不可能所有ではさまざまな制約があることが明らかになった（第5章2節）。第5章3節では *honaa* を用いた所有構文と *rakhnaa* を用いた所有構文の違いについて考察した。インフォーマント調査によって、*rakhnaa*（の未完了表現）は習慣的・継続的な所有を表し、また、*honaa* を用いた所有表現よりも硬い表現であることがわかった。

ヒンディー語では上記の6つの所有構文が（重なりはあるが）所有概念と所有物によって使い分けられている。起点スキーマは Location Schema が3つで優勢だが、Genitive, Goal, Action と多様なスキーマを利用しているのがヒンディー語の所有構文の特徴である。

第6章ではヒンディー語の義務構文 X *ko* V-*naa honaa*「X は V しなければならない」を抽象物所有の構文 X *ko* Y *honaa* からの発達と考え、他言語における所有構文と義務構文の構造的平行性や通言語的な傾向性（所有から義務的モダリティへの一方向的な拡張）を示した。

以上のように、本書では所有とその関連領域に関する言語の普遍性とヒンディー語の個別性を明らかにした。本書における重要な成果は以下の点である。

（ⅰ）本書では Heine（1997a）が提案した所有概念を用いてヒンディー語の所有構文を考察した。先行研究では X *ke paas* Y *honaa*（分離可能）／X *kaa* Y *honaa*（分離不可能）／X *ko* Y *honaa*（抽象物）の3分類、あるいはこれに X *mẽ* Y *honaa*（内在的特性）を加えた4分類であった。しかし、本書で見たように1つの構文が複数の所有概念を表したり、ほかの

構文との重なりがあったりと実態はそれほどクリアカットなものではない。Heine（1997a）の所有概念を用いることによって従来の記述を精密化することができた。

（ⅱ）先行研究で扱われていない X *ke haath mē* Y *honaa* を所有構文として考察した。また、英語の have に相当する所有動詞がないとされているヒンディー語にも一種の所有動詞があり、他動詞の所有構文があることを示した。

（ⅲ）先行研究の用例はほとんどが作例で、所有物も典型的な例が多い。本書では文学作品や新聞記事、Web 上の用例など、さまざまな実例をもとに各所有構文が表す所有概念を明らかにした。

（ⅳ）インフォーマント調査によって、文字資料（先行研究の記述や用例）を見ているだけではわからない各構文の用法や構文間の意味の違いを記述した。

（ⅴ）ヒンディー語の所有構文を他言語の所有研究の知見や通言語的な傾向に照らし、ヒンディー語でも同様の言語現象が見られることを示した。例えば、所有構文における有生性や分離不可能性の関与、角田（2009）が提案した「所有傾斜」、Narrog（2012）の「モーダル所有構文」などである。

（ⅵ）Heine（1997a）では研究の蓄積があるヨーロッパの言語や Heine 自身のフィールドであるアフリカの言語の事例は詳しく記述されているが、アジアの言語についてはあまり述べられていない。本書はアジア（インド）の言語の事例研究として Heine の研究を補完するとともに、類型論研究や対照研究に資するものである。

2. 今後の課題

今後の課題は以下の2点である。

1つ目は限定所有（attributive possession）を研究し、ヒンディー語の所有表現、さらには名詞修飾表現を包括的に記述することである。

2つ目は通時的な研究である。本書で筆者は X *kaa* Y *honaa* の変種 X *ke* Y *honaa* の成立過程や複数の所有構文の併存、抽象物所有の構文 X *ko* Y *honaa* から義務構文 X *ko* V-*naa honaa* への文法化について他言語の事例をもとに考察したが、これを裏付ける通時的なデータが欠けている。本書の執筆過程で数多くの先行研究を参照したが、ヒンディー語の所有構文（あるいは義務構文）がどのように発達し、現在のような併存状況にあるのかについて述べた研究や記述を見つけることができなかった。今後可能な通時的研究はコーパスを利用して過去 100 年程度の文学作品の用例を分析し、各所有構文がどのような使われ方をしてきたか、特に X *ke paas* Y *honaa* の使用の拡張について調べることである。今後、通時的なデータを加えて本書の記述をより精密なものにしたい。

第 7 章　結論と今後の課題　　161

付録　インド憲法の言語条項*1

（1950年1月26日施行）

第5編　連邦
第2章　国会
第120条　（国会において使用する言語）

（1）第17編の規定にかかわらず、第348条の規定の制限内において、国会の事務はヒンディー語又は英語によって処理するものとする。

　　ただし、参議院議長若しくは衆議院議長又は議長として行動する者は、ヒンディー語又は英語で適当に表現できない議員に対して、その母語で述べることを許可することができる。

（2）国会が法律で別段の規定を設けないかぎり、この憲法施行後15年が経過した後においては「又は英語で」とある文言は省略するものとする。

第6編　州
第3章　州議会
第210条　（州議会において使用する言語）

（1）第17編の規定にかかわらず、第348条の規定の制限内において、州議会の事務は州の公用語又はヒンディー語若しくは英語によって処理しなければならない。

　　ただし、立法院議長若しくは立法参事会議長又は議長として行動する者は、本文に規定する言語では適当に表現できない議員に対して、その母語で述べることを許可することができる。

（2）［条文省略］

第17編　公用語
第1章　連邦の言語
第343条　（連邦の公用語）

（1）連邦の公用語は、デーヴァナーガリー文字によるヒンディー語とする。
　　連邦の公に使用する数字の形式は、インド数字の国際的形式とする。

（2）（1）項の規定にかかわらず、この憲法施行後15年間は、この憲法施行まで使用されていた英語が連邦の公のすべての目的のために継続して使用される。

　　ただし、大統領は、当該15年の期間中、命令で連邦の公の目的のため英語の外にヒンディー語、インド数字の国際的形式の外にデーヴァナーガリー形式の数字の使用を認めることができる。

（3）この条の規定にかかわらず、国会は法律で当該15年を経過した後において当該法律で定める目的のために、

163

（a）英語、又は
（b）デーヴァナーガリー形式の数字
を用いることを規定することができる。

第344条 （公用語に関する委員会及び国会の委員会）
（1）大統領は、この憲法施行後5年を経過したとき及び10年を経過したとき
において、命令で公用語に関する委員会を置くものとする。委員会は、1
人の委員長及び大統領が指名する第8付則に規定する異なる言語の代表者
をもって構成する。また、当該命令は、委員会のとるべき手続きを定め
るものとする。
（2）［以下、（6）まで条文省略］

第2章 地方の言語
第345条 （州における1又は2以上の公用語）
州議会は、第346条及び第347条に規定する場合を除き、法律で州の公
の目的の全部又は一部のために使用されるべき公用語として、当該州において使
用されている1若しくはそれ以上の言語又はヒンディー語を採用することがで
きる。
ただし、州議会が法律で別段の規定を設けるまでは、この憲法施行まで州に
おいて使用されていた英語が公の目的のために引き続き使用される。

第346条 （州間又は州と連邦との通信のための公用語）
公の目的のため連邦において使用することを許されている言語は、1州と他
の州との間及び州と連邦との間の通信のための公用語とする。
ただし、2又はそれ以上の州がヒンディー語を州間の通信のための公用語と
することに同意するときには、これをその通信のために使用することができる。

第347条 （州人口の一部により使用される言語に関する特別規定）
大統領は、州の人口の相当数がその使用する会話語を当該州によって公認さ
れることを希望していると認めるときには、その要求に応じて、当該言語を当
該州又はその一部において大統領の明示する目的のために使用することを公認
する旨指令することができる。

第3章 最高裁判所、高等裁判所等において使用する言語
第348条 （最高裁判所、高等裁判所、法律、法案等において使用する言語）
［条文省略］

第349条 （言語に関する法律の実施のための特別手続き）
［条文省略］

第4章 特別規定
第350条 （苦情申請に使用する言語）
何人も連邦又は州の官吏又は機関に対する苦情の処理の申請を連邦又は州に

おいて使用されている言語のいずれによっても提出することができる。

第350A条　（初等教育を母語で行う施設）
　州及び州の地方機関は、その州内の言語的少数者に属する子女に初等教育課程においてその母語で教育を受けるための十分な施設を提供するよう努めなければならない。大統領は、かかる施設の確保及び提供に必要又は適当とみなす指令を州に対して発することができる。

第350B条　（言語的少数者のための特別官）
（1）大統領は、言語的少数者のために特別官を任命する。
（2）特別官は、この憲法の規定に基づいて、言語的少数者に与えられる保護に関するすべての事項を調査し、大統領に対しその指示する期間毎に当該事項につき報告することを任務とする。大統領は、当該報告をすべて国会の両議院に提出させ、当該州政府に送付する。

第351条　（ヒンディー語普及に関する規定）
　ヒンディー語の普及を促進し、これをインドの複合文化の全要素を表現する手段として役立つように発展させ、かつ、その長所、形式、様式及び表現をそこなうことなくヒンドゥスターニー語その他第8付則に規定するインド言語に同化せしめ、また、必要又は望ましいときには、先ずサンスクリット語、次いで他の言語より語彙を採用しつつ内容を豊かにしていくことは、連邦の任務である。

第8付則
（第344条第（1）項及び第351条）

言語＊2
1.　アッサム語（Assamese）インド・アーリア語派
2.　ベンガル語（Bengali）インド・アーリア語派
3.　ボド語（Bodo）チベット・ビルマ語派　※2003年追加
4.　ドーグリー語（Dogri）インド・アーリア語派　※2003年追加
5.　グジャラーティー語（Gujarati）インド・アーリア語派
6.　ヒンディー語（Hindi）インド・アーリア語派
7.　カンナダ語（Kannada）ドラヴィダ語族
8.　カシミール語（Kashmiri）インド・アーリア語派
9.　コーンカニー語（Konkani）インド・アーリア語派　※1992年追加
10.　マイティリー語（Maithili）インド・アーリア語派　※2003年追加
11.　マラヤーラム語（Malayalam）ドラヴィダ語族
12.　マニプリー語（Manipuri）チベット・ビルマ語派　※1992年追加
13.　マラーティー語（Marathi）インド・アーリア語派
14.　ネパール語（Nepali）インド・アーリア語派　※1992年追加

付録　インド憲法の言語条項　165

15. オリヤー語（Oriya）インド・アーリア語派
16. パンジャービー語（Punjabi）インド・アーリア語派
17. サンスクリット語（Sanskrit）インド・アーリア語派
18. サンタル語（Santhali）オーストロアジア語族　※2003年追加
19. スィンディー語（Sindhi）インド・アーリア語派　※1967年追加
20. タミル語（Tamil）ドラヴィダ語族
21. テルグ語（Telugu）ドラヴィダ語族
22. ウルドゥー語（Urdu）インド・アーリア語派

＊1　孝忠・浅野（2006）から抜粋した。インド憲法の原文（英語およびヒ
ンディー語）は Constitution of India〈http://indiacode.nic.in/coiweb/welcome.
html〉で参照できる。
＊2　言語の日本語名はパンジャーブ語／パンジャービー語、コンカニ語／コー
ンカニー語などのゆれがある。各言語の系統と後から追加された言語の追加年
の情報も記載した。

参考文献

Agnihotri, Rama Kant (2007) *Hindi: An essential grammar*. London; New York: Routledge.

秋元実治 (2014)『文法化とイディオム化』ひつじ書房.

秋元実治・青木博史・前田満 (編) (2015)『日英語の文法化と構文化』ひつじ書房.

Amborn, Hermann, Gunter Minker, and Hans-Jürgen Sasse (1980) *Das Dullay: Materialien zu einer ostkuschitischen Sprachgruppe*. (Kölner Beiträge zur Afrikanistik, 6) Berlin: Dietrich Reimer.

Asher, R. E. and T. C. Kumari (1997) *Malayalam*. London; New York: Routledge.

アーザルパランド、ソホラーブ (2009)「現代ペルシア語の謙譲語「bande: ［bande］→私奴；小生」の語根をめぐって―奴隷・召使から単数一人称の謙譲語への変化」『一橋研究』34 (1): 63–89.

Bahri, Hardev (1997) *Learners' Hindi-English dictionary*. Delhi: Rajpal & Sons.

Baldi, Philip and Andrea Nuti (2010) Possession in Latin. In: Philip Baldi and Pierluigi Cuzzolin (eds.) *New perspectives on historical Latin syntax*. Vol. 3, 239–388. Berlin; New York: Mouton de Gruyter.

Bauer, Brigitte (2000) *Archaic syntax in Indo-European*. Berlin; New York: Mouton de Gruyter.

Bender, Ernest (1967) *Hindi grammar and reader*. Philadelphia: University of Pennsylvania Press.

Bendix, Edward Herman (1966) *Componential analysis of general vocabulary: The semantic structure of a set of verbs in English, Hindi, and Japanese*. Bloomington: Indiana University Press.

Benveniste, Émile (1966) Être et avoir dans leurs fonctions syntaxiques. In: Émile Benveniste (ed.) *Problèmes de linguistique générale*. Vol. 1, 187–207. Paris: Gallimard.

Berry, Keith and Christine Berry (1999) *A description of Abun: A West Papuan language of Irian Jaya*. (Pacific Linguistics, Series B-115) Canberra: Australian National University.

Bhatia, Tej K. (1993) *Punjabi: A cognitive-descriptive grammar*. New York: Routledge.

Bhatia, Tej K. (2008) *Colloquial Hindi: The complete course for beginners*. Second edition. London; New York: Routledge.

Bhatt, Rajesh (1997) Obligation and possession. *MIT Working Papers in Linguistics* 32: 21–40.

Bhatt, Sunil Kumar (2007) *Hindi: A complete course for beginners*. New York: Living Language.

Bird, Charles S. (1972) *The syntax and semantics of possession in Bambara*. Paper presented at the Conference on Manding Studies, London 1972.

Birk, D. B. W. (1976) *The Malakmalak language, Daly River (Western Arnhem Land)*. (Pacific Linguistics, Series B-45) Canberra: Australian National University.

Bubenik, Vit (1998) *A historical syntax of late Middle Indo-Aryan (Apabhraṃśa)*. Amsterdam; Philadelphia: John Benjamins.

Bubenik, Vit (2007) On the evolutionary changes in the Middle and New Indo-Aryan systems of case and adpositions (with special reference to European Romani). In: Colin P. Masica (ed.) *Old and new perspectives on South Asian languages: grammar and semantics*. Delhi: Motilal Banarsidass Publishers.

Carlin, Eithne (1993) *The So language*. (Afrikanistische Monographien, 2) Cologne: Universität zu Köln.

Chappell, Hilary and William McGregor (1989) Alienability, inalienability and nominal classification. *Berkeley Linguistics Society* 15: 24–36.

Chappell, Hilary and William McGregor (1996) Prolegomena to a theory of inalienability. In: Hilary Chappell and William McGregor (eds.) *The grammar of inalienability: A typological perspective on body part terms and the part-whole relation*, 3–30. Berlin; New York: Mouton de Gruyter.

Coulson, Michael (2006) *Teach yourself Sanskrit*. Sevenoaks: Hodder & Srougton.

Dixon, R. M. W. (1994) *Ergativity*. Cambridge: Cambridge University Press.

Dixon, R. M. W. (2010) *Basic linguistic theory*. Vol. 2, Grammatical topics. Oxford: Oxford University Press.

Du Feu, Veronica (1996) *Rapanui*. London; New York: Routledge.

Duroiselle, Charles (1997) *A practical grammar of the Pali language*, Third edition. Buddha Dharma Education Association Inc. 〈http://www.buddhanet.net/pdf_file/paligram.pdf〉

Everett, Daniel L. (1986) Pirahã. In: Desmond C. Derbyshire and Geoffrey K. Pullum (eds.) *Handbook of Amazonian languages*. Vol. 1, 200–325. Berlin; New York: Mouton de Gruyter.

Freeze, Ray (1992) Existentials and other locatives. *Language* 68 (3): 553–595.

Garrett, John (1871) *A classical dictionary of India*. Delhi: Low Price Publications.

Genady, Shlomper (2005) *Modality in Hindi*. München: Lincom Europa.

Godel, Robert (1975) *An introduction to the study of classical Armenian*. Wiesbaden: Reichert.

Göksel, Aslı and Celia Kerslake (2005) *Turkish: A comprehensive grammar*. London: Routledge.

Greenberg, Joseph (1966) Some universals of grammar with particular reference to the order of meaningful elements. In: Joseph Greenberg (ed.) *Universals of language*. Second edition, 73–113. Cambridge, MA: MIT Press.

Harves, Stephanie and and Richard S. Kayne (2012) Having 'Need' and Needing 'Have'. *Linguistic Inquiry* 43 (1): 120–132.

Heine, Bernd (1983) *The Ik language*. Typescript, Cologne.

Heine, Bernd (1997a) *Possession: Cognitive sources, forces, and grammaticalization*. Cambridge: Cambridge University Press.

Heine, Bernd (1997b) *Cognitive foundations of grammar*. Oxford: Oxford University Press.

Heine, Bernd and Tania Kuteva (2002) *World lexicon of grammaticalization*. Cambridge: Cambridge University Press.

Heine, Bernd, Ulrike Claudi, and Friederike Hünnemeyer (1991) *Grammaticalization: a conceptual framework*. Chicago: University of Chicago Press.

Hook, Peter Edwin (1979) *Hindi structures: Intermediate level*. Ann Arbor: The University of Michigan.

Hopper, Paul J. (1991) On some principles of grammaticalization. In: Elizabeth Closs Traugott and Bernd Heine (eds.) *Approaches to grammaticalization*. Vol. 1, 17–35. Amsterdam; Philadelphia: John Benjamins.

Hopper, Paul J. and Elizabeth Closs Traugott (2003) *Grammaticalization*. Second edition. Cambridge: Cambridge University Press.

保坂道雄 (2014)『文法化する英語』開拓社.

Hudson, D. F. (1965) *Bengali*. London: English Universities Press.

今村泰也 (2008)「日本語とヒンディー語の関係節の対照研究―関係節の種類と特徴、関係節化の可能性について」『麗澤大学紀要』87: 15–38.

今村泰也 (2009)「ヒンディー語の所有表現再考―類型論的観点からの考察」『言語と文明』7: 17–39. 麗澤大学大学院言語教育研究科.

今村泰也 (2010)「ヒンディー語・ウルドゥー語の他動詞 rakhnaa を用いた所有表現」『大阪大学世界言語研究センター論集』3: 261–283.

今村泰也 (2011)「日本語から見たヒンディー語の連体修飾構造―いわゆる「外の関係」を中心に」野瀬昌彦 (編)『日本語と X 語の対照』、1–10. 三惠社.

Jain, Sushama (2000) *Structures of Japanese and Hindi*. New Delhi: Har-Anand Publications.

Kachru, Yamuna (1968) The copula in Hindi. In: John W. M. Verhaar (ed.) *The verb 'be' and its synonyms: Philosophical and grammatical studies*. Part 2. (Foundations of Language, Supplementary Series, 6), 35–59. Dordrecht: Reidel.

Kachru, Yamuna (1969) A note on possessive constructions in Hindi-Urdu.

Journal of Linguistics 6: 37–45.

Kachru, Yamuna (1980) *Aspects of Hindi grammar*. New Delhi: Manohar Publications.

Kachru, Yamuna (1990) Experiencer and other oblique subjects in Hindi. In: Manindra K. Verma and K. P. Mohanan (eds.) *Experiencer subjects in South Asian languages*, 59–75. Stanford, CA: CSLI Publications.

Kachru, Yamuna (2006) *Hindi*. London Oriental and African language library: Vol. 12. Amsterdam; Philadelphia: John Benjamins.

Kachru, Yamuna (2008) Hindi-Urdu-Hindustani. In: Braj B. Kachru, Yamuna Kachru, and S. N. Sridhar (eds.) *Language in South Asia*, 81–102. Cambridge: Cambridge University Press.

影山太郎（1990）「日本語と英語の語彙の対照」玉村文郎（編）『日本語の語彙・意味（下）』、講座日本語と日本語教育 7. 1–26. 明治書院.

影山太郎（2004）「軽動詞構文としての「青い目をしている」構文」『日本語文法』4（1）: 22–37.

Kastenholz, Raimund (1988) Note sur l'expression énonciative de la possession en bambara. *Mandenkan* 14–15: 193–203.

Kellogg, S. H. (1893) *A grammar of the Hindi language*. Second edition. (Reprinted 1990) New Delhi: Munshiram Manoharlal Publishers.

Kibrik, Alexandr E. (ed.) (1996) *Godoberi*. (Lincom Studies in Caucasian Linguistics, 2) München: Lincom Europa.

岸本秀樹・影山太郎（2011）「存在と所有の表現」影山太郎（編）『日英対照名詞の意味と構文』、240–269. 大修館書店.

孝忠延夫・浅野宜之（2006）『インドの憲法—21 世紀「国民国家」の将来像』関西大学出版部.

古賀勝郎（1986）『基礎ヒンディー語』大学書林.

古賀勝郎（編訳）（2008）『北インドの諺』私家版.

古賀勝郎・高橋明（編）（2006）『ヒンディー語＝日本語辞典』大修館書店.

Krause, Wolfgang and Werner Thomas (1960) *Tocharisches elementarbuch*. Heidelberg: Winter.

Kumar, Kavita (1997) *Hindi for non-Hindi speaking people*. Second edition. New Delhi: Rupa & Co.

Lakoff, George (1987) *Women, fire, and dangerous things: What categories reveal about the mind*. Chicago: University of Chicago Press.

Lebikaza, Kézié Koyenzi (1991) Les constructions possessives prédicatives et nominales en kabiye. *Journal of West African Languages* 21 (1): 91–103.

Lefebvre, Claire and Anne-Marie Brousseau (2002) *A grammar of Fongbe*. (Mouton Grammar Library, 25) Berlin; New York: Mouton de Gruyter.

Lehiste, Ilse (1972) 'Being' and 'having' in Estonian. In: John W. M. Verhaar (ed.) *The verb 'be' and its synonyms: Philosophical and grammatical studies*. Part 5. (Foundations of Language, Supplementary Series, 14), 207–224. Dordrecht: Reidel.

Leslau, Wolf (1995) *Reference grammar of Amharic*. Wiesbaden: Harrassowitz.

Lévy-Bruhl, Lucien (1914) L'expression de la possession dans les langues mélanésiennes. *Mémoires de la Société de Linguistique de Paris* 19 (2): 96–104.

Lewis, Geoffrey L. (1967) *Turkish Grammar*. Oxford: Clarendon Press.

Löfstedt, Bengt (1963) Zum lateinischen possessiven Dativ. *Zeitschrift für vergleichende Sprachforschung* 78: 64–83.

Lukas, Johannes (1970) *Studien zur Sprache der Gisiga (Nordkamerun)*. (Afrikanistische Forschungen, 4) Glückstadt: J. J. Augustin.

Lyons, John (1968) *Introduction to theoretical linguistics*. Cambridge: Cambridge University Press.

Macdonell, Arthur Anthony (1993) *A Vedic grammar for students*. Delhi: Motilal Banarsidass Publishers.

Masica, Colin P. (1976) *Defining a linguistic area: South Asia*. Chicago: The University of Chicago Press.

Masica, Colin P. (1991) *The Indo-Aryan languages*. Cambridge: Cambridge University Press.

McGregor, R. S. (1993) *The Oxford Hindi-English dictionary*. Oxford: Oxford University Press.

McGregor, R. S. (1995) *Outline of Hindi grammar*. Third edition. Delhi: Oxford University Press.

McGregor, William (1990) *A functional grammar of Gooniyandi*. Amsterdam; Philadelphia: John Benjamins.

町田和彦 (1987)「ヒンディー語の敬語表現」『月刊言語』16 (8): 62–63.

町田和彦 (1992)「ヒンディー語」亀井孝・河野六郎・千野栄一 (編著)『言語学大辞典』第 3 巻 世界言語編 (下―1)、620–627. 三省堂.

町田和彦 (1997)『ヒンディー語動詞基礎語彙集』東京外国語大学アジア・アフリカ言語文化研究所.

町田和彦 (2006)「多言語社会の実験場インド」砂岡和子・池田雅之 (編著)『アジア世界のことばと文化』225–236. 成文堂.

町田和彦 (2008)『ニューエクスプレス ヒンディー語』白水社.

町田和彦・丹羽京子 (2004)『CD エクスプレス ベンガル語』白水社.

Meillet, Antoine (1923) Le développement du verbe 'avoir'. In *Antidōron. Festschrift Jacob Wackernagel*, 9–13. Göttingen: Vandenhoeck und Ruprecht.

Miller, George A. and Philip N. Johnson-Laird (1976) *Language and perception*. Cambridge, MA: Harvard University Press.

Milsark, Gary L. (1979) *Existential sentences in English*. Outstanding dissertations in linguistics, 19. New York; London: Garland.

Mohanan, Tara (1994) *Argument structure in Hindi*. Stanford, CA: CSLI Publications.

Monier-Williams, Monier, Sir (1899) *A Sanskrit-English dictionary: Etymologically and philologically arranged with special reference to cognate In-*

do-European languages. Oxford: Clarendon Press.

Montaut, Annie (2004) *A grammar of Hindi*. Muenchen: Lincom Europa.

Mosel, Ulrike (1983) Adnominal and predicative possessive constructions in Melanesian languages. *AKUP* (Arbeiten des Kölner Universalien-Projekts) 50. Cologne.

中尾俊夫 (1989)『英語の歴史』講談社.

中右実 (1998)「BE と HAVE からの発想—存在・所有・経験の型を探る」中右実・西村義樹『構文と事象構造』、日英語比較選書 5. 55–106. 研究社出版.

Narrog, Heiko (2012) *Modality, subjectivity, and semantic change: A cross-linguistic perspective*. Oxford: Oxford University Press.

Narrog, Heiko and Bernd Heine (eds.) (2011) *The Oxford handbook of grammaticalization*. Oxford: Oxford University Press.

Neukom, Lukas (2001) *Santali*. (Languages of the World/Materials, 323) München: Lincom Europa.

Nichols, Johanna (1988) On alienable and inalienable possession. In: William Shipley (ed.) *In honor of Mary Haas: From the Haas festival conference on native American linguistics*, 557–609. Berlin: Mouton de Gruyter.

Nichols, Johanna (1992) *Linguistic diversity in space and time*. Chicago; London: The University of Chicago Press.

西山佑司 (1994)「日本語の存在文と変項名詞句」『慶應義塾大学言語文化研究所紀要』26: 115–148.

西山佑司 (2003)『日本語名詞句の意味論と語用論—指示的名詞句と非指示的名詞句』ひつじ書房.

大堀壽夫 (2004)「文法化の広がりと問題点」『月刊言語』33 (4): 26–33.

岡口典雄・岡口良子 (2015)『ヒンディー語文法ハンドブック』白水社.

Palmer, F. R. (2001) *Mood and modality*. Second edition. Cambridge: Cambridge University Press.

Pandharipande, Rajeshwari (1981) Interface of lexicon and grammar: Some problems in Hindi grammar. *Studies in the Linguistic Sciences* 11 (2): 77–100.

Reinöhl, Uta (2016) *Grammaticalization and the rise of configurationality in Indo-Aryan*. Oxford: Oxford University Press.

Rice, Keren (1989) *A grammar of Slave*. (Mouton Grammar Library, 5) Berlin; New York: Mouton de Gruyter.

Roberts, John R. (1987) *Amele*. London: Croom Helm.

Rosén, Haiim B. (1989) A marginal note on Sanskrit case-syntax. In: Subhadra Kumar Sen (ed.) *Hanjamana*. University of Calcutta Press. 33–39.

坂本比奈子 (2007)「ムラブリ (Mlabri) 語の所有表現」『麗澤大学紀要』85: 45–70.

坂田貞二 (採録・訳注) (1999)『ヒンディー語民話集』大学書林.

坂田貞二 (2005)「ヒンディー語とサンスクリット語の諸事典におけるヴィシュヌ神の名辞と記述—ヒンドゥー教徒の信仰実践との関連において」『拓殖

大学語学研究』110: 139–162.

坂田貞二（2012）「ヒンディー語」辛島昇・前田専学・江島惠教・応地利明・小西正捷・坂田貞二・重松伸司・清水学・成沢光・山崎元一（監修）『新版 南アジアを知る事典』668–669. 平凡社.

佐藤琢三（2003）「「青い目をしている」型構文の分析」『日本語文法』3（1）: 19–34.

Schmidt, Ruth Laila (1999) *Urdu: An essential grammar*. London; New York: Routledge.

Seiler, Hansjakob (1983) *Possession as an operational dimension of language*. Tübingen: Gunter Narr.

Senn, Alfred (1929) *Kleine litauische Sprachlehre*. Heidelberg: Julius Groos.

Shapiro, Michael C. (1989) *A primer of modern standard Hindi*. Delhi: Motilal Banarsidass Publishers.

Shapiro, Michael C. (2003) Hindi. In: George Cardona and Dhanesh Jain (eds.) *The Indo-Aryan languages*, 250–285. London; New York: Routledge.

Sharma, Aryendra (1972) *A basic grammar of modern Hindi*. Second edition. New Delhi: Central Hindi Directorate.

Sharma, Devyani (2003) Discourse clitics and constructive morphology in Hindi. In: Miriam Butt and Tracy Holloway King (eds.) *Nominals: Inside and out*, 59–84. Stanford, CA: CSLI Publications.

Sinha, Binod K. (1986) *Contrastive analysis of English and Hindi nominal phrase*. New Delhi: Bahri Publications.

Snell, Rupert and Simon Weightman (2003) *Teach yourself Hindi*. Sevenoaks: Hodder & Stoughton.

Stassen, Leon (2005) Predicative possession. In: Martin Haspelmath, Matthew S. Dryer, David Gil, and Bernard Comrie (eds.) *The world atlas of language structures*, 474–477. Oxford: Oxford University Press.

Stassen, Leon (2009) *Predicative possession*. Oxford: Oxford University Press.

Steele, Susan (1977) On being possessed. *Berkeley Linguistics Society* 3: 114–131.

Subbārāo, Kārumūri V. (2012) *South Asian languages: A syntactic typology*. Cambridge: Cambridge University Press.

Subbarao, Karumuri V. and Peri Bhaskararao (2004) Non-nominative subjects in Telugu. In: Peri Bhaskararao and Karumuri V. Subbarao (eds.) *Non-nominative subjects*. Vol. 2, 161–196. Amsterdam; Philadelphia: John Benjamins.

鈴木義里（2001）『あふれる言語、あふれる文字—インドの言語政策』右文書院.

鈴木斌（1981）『基礎ウルドゥー語』大学書林.

鈴木斌（1996）『ウルドゥー語文法の要点』大学書林.

高橋明（2003）「ヒンディー語の所有表現」『月刊言語』32（11）: 52–53.

田中敏雄・町田和彦（1986）『エクスプレス ヒンディー語』白水社.

Taraporewala, Irach J.S. (1967) *Sanskrit Syntax*. Delhi: Munshiram Mano-harlal Publishers.

Taylor, John R. (1989) *Linguistic categorization: Prototypes in linguistic theory*. Oxford: Clarendon Press.

Tiwari, Bholanath (1985) *Vrihat Hindi lokokti kosh*. [*A comprehensive dictionary of Hindi proverbs*]. Delhi: Shabdkar.

Tryon, Darrell T. (1970) *Conversational Tahitian: An introduction to the Tahitian language of French Polynesia*. Berkeley; Los Angeles: University of California Press.

土田龍太郎（1985）「ヒンディー語行為者名詞 *-vālā* の迂説未来的用法」平川彰博士古稀記念会（編）『仏教思想の諸問題—平川彰博士古稀記念論集』611–626. 春秋社.

Tsumagari, Toshiro (2009) Grammatical outline of Uilta (revised). *Journal of the Graduate School of Letters* 4: 1–21.

角田太作（2009）『世界の言語と日本語 改訂版—言語類型論から見た日本語』くろしお出版.

Tsunoda, Tasaku (2011) *A grammar of Warrongo*. (Mouton Grammar Library, 53) Berlin; New York: Mouton de Gruyter.

Ultan, Russell (1978) Toward a typology of substantival possession. In: Joseph H. Greenberg (ed.) *Universals of human language*. Vol. 4: *Syntax*, 11–49. Stanford, CA: Stanford University Press.

Verma, Ramchandra (1957–1966) *Manak Hindi kosh*. 5 Vols. Prayag: Hindi Sahitya Sammelan.

Verma, Sheela (1997) *A course in advanced Hindi*. Delhi: Motilal Banarsidass Publishers.

Welmers, William Everett (1973) *African language structures*. Berkeley; Los Angeles: University of California Press.

吉枝聡子（2011）『ペルシア語文法ハンドブック』白水社.

Young, Robert W. and William Morgan (1980) *The Navajo language: A grammar and colloquial dictionary*. Albuquerque: University of New Mexico Press.

湯田豊（1984）「シャタパタ・ブラーフマナ―第1書、第1アディヤーヤの翻訳」『人文学研究所報』18: 39–55. 神奈川大学人文学研究所.

用例出典

書籍

HJD: 古賀勝郎・高橋明（編）（2006）『ヒンディー語＝日本語辞典』大修館書店.

JHD: 古賀勝郎（編）（1996）『日本語－ヒンディー語辞典』私家版.

Rakesh, Mohan (2004) *Mohan Rakesh ki sampurn kahaniyan*. Delhi: Rajpal

& Sons.

Vas, Gratian（1997）*Kahani bharat ki: Bachchon ke lie*. Noida: Blossom Books.

Vishwanath（n.d.）*Birbal ki sujhbujh*. New Delhi: Vishv Vijay Pvt Ltd.

Web サイト、コーパス

BBC: BBC Hindi 〈http://www.bbc.co.uk/hindi/〉

CFILT: Center for Indian Language Technology 〈http://www.cfilt.iitb.ac.in/～corpus/hindi/〉

Gadya Kosh 〈http://www.gadyakosh.org/〉

Google Books 〈http://books.google.com/〉

Munshi Premchand's Stories 〈http://munshi-premchand.blogspot.com/〉

事項索引

A–Z

Action Schema　20, 23, 123, 129
'belong' 構文　9, 10
Be 言語　142
caahie　95, 141, 142
Companion Schema　22, 23, 67
Equation Schema　22
Existence Schema　22
Genitive Schema　22, 23, 60, 61, 77, 120, 151
Goal Schema　22, 23, 59, 96, 120, 150, 151
habere　150
HAND　108, 109
have　1, 2, 8, 17, 105
Have 言語　142
'have' 構文　9, 10
have 動詞　10, 152, 154
honaa　36, 37, 42, 69, 96, 97, 102, 141, 144
kaa　33, 63, 84, 106
ko　32, 95, 96, 102
Location Schema　21, 23, 42, 48, 59, 107, 109, 118, 123, 126
mẽ　71, 84, 101, 102, 104, 106
mihi est 構文　119, 150, 151, 155
need　142
paRnaa　141, 143
rakhnaa　128
Source Schema　22
Topic Schema　22, 91
X → Y 構文　10, 23, 41
Y → X 構文　10, 23

あ

「青い目をしている」構文　26
アスペクト　2, 148, 149

い

一時的状態　102
一時的所有　16, 17, 52, 59, 108, 123
一致　37, 38, 44, 46, 47, 63, 64, 84, 85, 91, 95, 127, 144
一般動詞　30, 36
イベント・スキーマ　19
インフォーマント　3, 54, 55, 62, 71, 84, 106, 112, 130, 133, 134, 138, 147, 155

え

永続的所有　16, 17, 52, 59, 108, 123, 131, 137

お

オーバーラップ　91
音声波形　80, 82

か

介在　78, 82, 84
拡張　57, 60, 88, 118, 152, 153
格の融合　121
化石化　91
可能表現　38, 133
含意的普遍性　29
関係節　123

き

起点　9, 10, 19, 48, 91
起点スキーマ　42, 119
希薄化　49
義務　141, 152, 153
競合　89, 93, 118, 119
強制　143
強調　30, 125
近接　9, 49, 121

け

計画された出来事　145
形容詞文　29, 62
限定所有　9-12, 77, 79, 82, 84
現に持っている　17, 42, 52, 111, 118

こ

語彙的意味　113, 154
口語　56, 62, 86, 88, 92, 138
恒常的属性　102
後置詞　29, 32, 83, 121
公用語　2, 163
コーパス　3, 113, 114, 130
語形変化　31, 37, 63, 100
語順　10, 11, 13, 29, 31, 39, 44, 62, 79,
　114
諺　46, 74, 83, 125, 144, 154
コピュラ動詞　10, 36, 62, 65

さ

再帰代名詞　47, 103
財産　16, 51, 52, 131
挿絵　111, 112

し

時間　50, 56
思考　73, 76
持続　113, 136

斜格

斜格　31, 42, 121, 129
習慣的　133, 137
修飾要素　15, 135
重層化　122
収斂　39, 121
主語　37
主語特性　103
主題化　44, 84, 114
主題性　79
主要スキーマ　27
小詞　33, 78, 82
使用人　50
省略　31, 42, 45, 89, 120, 140
叙述所有　2, 9, 10, 23, 79
助動詞　2, 36, 147
所有概念　16-18, 59, 100, 104, 108, 118,
　119, 139
所有期間　51, 52
所有傾斜　77, 93
所有権　11, 12, 16, 26, 51, 52
所有者　8, 25
所有動詞　2, 26, 140
所有物　8, 25
親族　8, 12, 14, 16, 54, 55, 60, 65, 77, 86,
　88, 93, 108, 123, 133
身体部分　8, 14-16, 55, 60, 62, 69, 77,
　80, 86, 93, 108, 134
身体名詞　107, 108

す

数詞　100

せ

全体−部分関係　12, 14, 74, 105, 107

そ

相補分布　118
属格　17, 32, 97, 120
属格構文　120
尊敬表現　35, 123

存在動詞　22, 36, 78

た

第8付則　4, 164, 165
多義的　93
多義動詞　140, 143
脱語彙化　25
他動詞　20, 129, 142
他動性　95
単純後置詞　119

ち

抽象物所有　17, 103, 119, 130, 144, 155

て

定義　8, 24
デーヴァナーガリー文字　XI, 5, 163

と

動作動詞　20
倒置　44, 126
動物　53, 88, 93
特異性　91
土地・建物　60, 93

な

内在的特性　103, 104, 107, 128

の

能格　5, 38

は

場所存在文　42, 59, 60, 101
場所表現　109, 119

ひ

必要　142
否定辞　30, 45, 46, 78, 146, 147
非普通所有物　15, 135
比喩的拡張　56, 114

ふ

複合後置詞　42, 119, 121
副詞句　49, 79, 84, 90
普通所有物　15, 135
物理的所有　16, 17, 52, 59, 108, 111, 123
不定詞　36, 129, 141, 144, 147, 153, 155
不変化の *ke*　86, 88, 89, 91, 92
プロトタイプ特性　8, 18, 19, 103
文法化　2, 19, 25, 48, 49, 58, 90, 91, 108, 113, 122, 142, 149
文脈　59, 90, 146
分離可能所有　13
分離可能性　55
分離不可能所有　13, 14, 16, 60, 61, 76, 106, 108, 119, 133, 137, 155
分離不可能性　14, 15, 75, 76
分裂能格性　38

へ

平行性　77, 148–150
併存　91, 92, 119
ペルシャ文字　XIII, 5
変種　85

ほ

ポーズ　79, 80, 82

み

未完了表現　129

事項索引　179

む

無形の概念　17
無生物分離可能所有　17, 118
無生物分離不可能所有　17, 74, 106
無標　13, 15

め

名詞文　29, 65
命令形　129

も

モーダル所有構文　151
モダリティ　141, 148, 151

ゆ

友人　68, 93
有生性　123
有標　13

よ

与格　32, 94, 95, 97, 120, 141
与格構文　94-96, 120
欲求の表現　38, 145
予定　153

れ

連体修飾構造　140

言語名索引

（ヒンディー語は除く）

あ

アヴァル語（Avar）79
アッサム語（Assamese）109, 165
アニュワ語（Anywa）61
アパブランシャ語（Apabhramsha）3, 121
アブン語（Abun）12, 21
アムハラ語（Amharic）151
アメレ語（Amele）12
アラビア語（Arabic）5, 123

い

イク語（Ik）61
イラン語派（Iranian）5, 154
インド・アーリア（諸）語／語派（Indo-Aryan）2, 3, 109, 120–122, 124, 140, 151, 154, 165, 166
インド・ヨーロッパ祖語（Proto-Indo-European）2

う

ヴァイ語（Vai）61
ウイルタ語（Uilta）13, 26
ヴェーダ語（Vedic）78, 120
ウラル諸語（Uralic）78
ウルドゥー語（Urdu）3, 25, 166

え

英語（English）2, 4, 7, 8, 10, 15, 17, 104, 135, 149, 155, 163, 164, 166
エウェ語（Ewe）14, 108, 123, 151
エストニア語（Estonian）21

お

オーストロアジア語族（Austroasiatic）166
オリヤー語（Oriya）166

か

カウィア語（Cahuilla）22
カシ語（Khasi）123
カシミール語（Kashmiri）151, 165
カビエ語（Kabiye）67
カンナダ語（Kannada）165

き

ギシガ語（Gisiga）108
ギリシャ語（Greek）126

く

グーニヤンディ語（Gooniyandi）20
グジャラーティー語（Gujarati）124, 125, 165
クペレ語（Kpelle）61, 108

こ

コーンカニー語（Konkani）165
古典アルメニア語（Classical Armenian）79
ゴドベリ語（Godoberi）78

さ

サンスクリット語（Sanskrit）XIII, 5, 39, 63, 120, 122-124, 126, 140, 165, 166

サンタル語（Santali）79, 166

す

スィンディー語（Sindhi）166

スー語族（Siouan）15

スレイビー語（Slave）22

スワヒリ語（Swahili）149

そ

ソー語（So）108

た

ダゲスタン諸語（Dagestanian）78

タヒチ語（Tahitian）78

タミル語（Tamil）22, 166

ち

チベット・ビルマ語派（Tibeto-Burman）123, 165

チャン（羌）語（Qiang）151

中国語（Chinese）2, 14, 15, 23

て

デュライ語（Dullay）21

テルグ語（Telugu）50, 59, 166

と

ドイツ語（German）149

ドーグリー語（Dogri）165

土族語民和方言（Mangghuer）78

ドラヴィダ語族（Dravidian）109, 165, 166

トルコ語（Turkish）21, 22, 59, 77, 79, 80, 124

な

ナバホ語（Navajo）13

ナマ語（Nama）20

に

西トカラ語（West Tocharic）79

日本語（Japanese）7, 15, 135, 136

ね

ネパール語（Nepali）124, 165

は

パーリ語（Pali）120, 121

パイテー語（Paite）123

パシュトー語（Pashto）61, 124

パンジャービー語（Punjabi）49, 124, 166

ひ

ピダハン語（Pirahā）7

ヒンドゥスターニー語（Hindustani）165

ふ

フィジー語（Fijian）50

フォン語（Fongbe）150, 155

フマール語（Hmar）123

フランス語（French）142, 149

ブルガリア語（Bulgarian）123, 142

ブルシャスキー語（Burushaski）124

へ

ペルシャ語（Persian）5, 39, 142, 154

ベンガル語（Bengali）49, 109, 124, 165

ほ

ボド語（Bodo）49, 165
ポルトガル語（Portuguese）20, 22

ま

マイティリー語（Maithili）165
マニプリー語（Manipuri）165
マラーティー語（Marathi）140, 151, 165
マラクマラク語（Malakmalak）13
マラヤーラム語（Malayalam）50, 109, 165
マンディング語（Manding）17, 18, 108, 113, 114, 123, 126

み

ミゾ語（Mizo）123

む

ムラブリ語（Mlabri）124

め

メラネシア諸語（Melanesian）14

よ

ヨルバ語（Yoruba）150

ら

ラテン語（Latin）119, 126, 149–151
ラパヌイ語（Rapanui）151

り

リトアニア語（Lithuanian）78

る

ルイセーニョ語（Luiseño）91

れ

レプチャ語（Lepcha）124

ろ

ロシア語（Russian）21, 151

わ

ワロゴ語（Warrongo）21, 27

今村泰也（いまむら やすなり）

略歴

1970 年生まれ。千葉県出身。創価大学文学部英文学科卒業。麗澤大学大学院言語教育研究科博士後期課程修了。博士（文学）。インドで日本語教育に携わる。現在、国立国語研究所日本語教育研究領域プロジェクト PD フェロー。

主な論文

「ヒンディー語の＜ V-ne-vālā honā ＞の三用法」『南アジア研究』20 号（2008 年）、「日本語とヒンディー語の関係節の対照研究」『麗澤大学紀要』87 巻（2008 年）、「日本語教育の新たなツール「基本動詞ハンドブック」」『ことばと文字』3 号（2015 年）。

ひつじ研究叢書〈言語編〉第 147 巻

所有表現と文法化
言語類型論から見たヒンディー語の叙述所有

Possessive Expressions and Grammaticalization:
Predicative Possession in Hindi from the Perspective of
Linguistic Typology

Yasunari Imamura

発行　2017 年 2 月 17 日　初版 1 刷
定価　7800 円＋税
著者　© 今村泰也
発行者　松本功
ブックデザイン　白井敬尚形成事務所
印刷・製本所　亜細亜印刷株式会社
発行所　株式会社 ひつじ書房
〒 112-0011　東京都文京区千石 2-1-2　大和ビル 2 階
Tel: 03-5319-4916　Fax: 03-5319-4917
郵便振替 00120-8-142852
toiawase@hituzi.co.jp　http://www.hituzi.co.jp/

ISBN978-4-89476-838-3

造本には充分注意しておりますが、落丁・乱丁などがございましたら、小社かお買上げ書店にておとりかえいたします。
ご意見、ご感想など、小社までお寄せ下されば幸いです。